Altern - aber wie?

Religionspädagogische Perspektiven

Herausgegeben von Roland Kollmann

Band 12

Mechtild Winzenick

Altern - aber wie?
Gerontologische Aspekte zur Daseinsbewältigung

verlag
DIE BLAUE EULE
essen

CIP-Titelaufnahme der Deutschen Bibliothek

Winzenick, Mechtild:
Altern - aber wie? : gerontologische Aspekte
zur Daseinsbewältigung / Mechtild Winzenick. -
Essen : Verl. Die Blaue Eule, 1990
(Religionspädagogische Perspektiven ; Bd. 12)
ISBN 3-89206-345-1

NE: GT

ISBN 3-89206-345-1
© Copyright Verlag Die Blaue Eule, Essen 1990
Alle Rechte vorbehalten
Nachdruck oder Vervielfältigung, auch auszugsweise,
in allen Formen, wie Mikrofilm, Xerographie,
Mikrofiche, Mikrocard, Offset, verboten
Printed in Germany
Herstellung:
Merz Fotosatz, Essen
Broscheit Klasowski, Essen
Difo-Druck, Bamberg

Vorwort des Herausgebers

Diese Schriftenreihe stellt Arbeiten vor, die der Religionspädagogik neue Impulse geben können. Herausgeber und Autoren setzen sich für humane religiöse Erziehung und Bildung ein, sie plädieren für das "Glaubenlernen ein Leben lang". Es geht ihnen um wissenschaftlich reflektierte und motivierende Perspektiven religionspädagogischer Praxis, angefangen von der Elementarerziehung bis hin zur Altenarbeit.

In der Reihe werden Sichtweisen diskutiert, die sich aus Alltagserfahrungen und aus Analysen religiös relevanter Lebens- und Vermittlungssituationen ergeben. Unterschiedliche religionspädagogische Ansätze erhalten hier ein Forum.

Religiöse Entwicklung, Erziehung und Bildung sind eingebunden in zeitgeschichtliche und soziale Bedingungen (Gegenwart), sie bedürfen sowohl der Erinnerung an bewährte Lebenserfahrung und Lebensdeutung (Vergangenheit) als auch der hoffnungsvollen Vorwegnahme gelungener Selbstfindung und Solidarität (Zukunft).

Wie jedoch soll die Gewichtung zwischen "Einbindung", "Erinnerung" und "Vorwegnahme" heute und in nächster Zukunft aussehen?

"Religiöse Bedürftigkeiten" begegnen in überraschend neuen Formen, die kreative Einsichten in religiöse Erziehung und Bildung provozieren. Gesellschaftliche Veränderungen fordern auch die Religionspädagogik zu ungewohnten Sichtweisen heraus. Schließlich ergeben sich durch "Neue Religiosität" ungeahnte Problemstellungen, die allein durch Rückbezug auf die Vergangenheit nicht gelöst werden können. Erst im fairen Streit um humane Lösungen kann sich zeigen, ob die christliche Tradition tragfähige und weiterführende Perspektiven freisetzen wird.

Der Herausgeber hofft, daß die in praktischer Absicht erarbeiteten religionspädagogischen Vorstellungen im konkreten Handeln auch zur Auswirkung kommen. Handlungsanweisungen dürfen vom Leser allerdings nicht erwartet werden; Herausgeber und Autoren rechnen mit mündigen Lesern.

Dülmen, Februar 1990   Roland Kollmann

Inhaltsverzeichnis

	Einleitung	13
0.	Zum Begriff "Daseinsbewältigung"	20
1.	Anthropologische Aspekte des Alterns und franziskanische Spiritualität	23
1.1	Der alte Mensch - ein soziokulturelles, religiöses und geschichtliches Wesen	25
1.1.1	Identität und Individualität	26
1.1.2	Auf der Suche nach Sinn	29
1.1.3	Sinnerleben und Vorbilder	37
1.2	Franziskanische Spiritualität als Hilfe zur Sinnfindung	39
1.2.1	Exkurs über die franziskanischen Quellen und Schriften	40
1.2.2	Die Frage des Woher und Wohin bei Franziskus	46
1.2.3	Elemente der franziskanischen Spiritualität	51
2.	Der alte Mensch und Franziskus - Eine phänomenologische Darstellung ihrer Krisen- und Verlusterfahrungen	58
2.1	Desozialisation im Alter	59
2.1.1	Modell nach I. Woll-Schumacher	59
2.1.2	Aus der Biographie einer 83jährigen Frau	62
2.2	Grenzerfahrungen im Leben des Franz von Assisi	73
2.2.1	Übertragung des Desozialisationsmodelles	73
2.2.2	Ausgewählte Belastungssituationen	74

3.	Theoretische, empirische und theologische Beiträge zur Daseinsbewältigung im Alter	79
3.1	Theorien über "erfolgreiches" Altern	79
3.1.1	Aktivitätstheorie (= AK)	79
3.1.2	Disengagementtheorie (= DE)	81
3.1.3	Beurteilung der Ansätze	83
3.2	Kritische Lebensereignisse in der wissenschaftlichen Forschung	88
3.2.1	Begriffliche Abgrenzung	89
3.2.2	"Daseinstechniken und -thematiken" nach der kognitiven Persönlichkeitstheorie	90
3.2.3	Ausgewählte empirische Beiträge	96
3.2.4	Analysierende Schlußfolgerungen	100
3.3	Theologische Aussagen	104
3.3.1	Biblische Tradition und Alter	104
3.3.2	Leistung und Rechtfertigung	106
3.3.3	Unbewältigte Vergangenheit/Schuld	109
3.3.4	Leiden, Tod und Auferstehung	112
3.3.5	Die Liebe als Sinnangebot des christlichen Glaubens	117

4.	**Franziskanische Spiritualität und praktische Hilfen für den alternden Menschen**	**121**
4.1	Evangelische Grundhaltungen des Franziskus	121
4.1.1	Integration des Negativen	122
4.1.2	Armut	125
4.1.3	Geschwisterlichkeit	128
4.1.4	Unterwegs-Sein	131
4.2	Konsequenzen für das Alter	133
4.2.1	Der individuelle Aspekt	134
4.2.1.1	Bejahen der Vergangenheit	134
4.2.1.2	Auseinandersetzung mit "Bruder Tod"	139
4.2.1.3	Gewinn einer neuen Freiheit	144
4.2.1.4	Unterwegs-Sein auch mit 70 Jahren	150
4.2.2	Der soziale Aspekt	155
4.2.2.1	Geschwisterlichkeit leben	156
4.2.2.2	Interessenvertretung in Gesellschaft und Politik	162
4.3	Ausblick	167
	Literaturverzeichnis	**170**

Einleitung

Die Deutschen suchen Leitbilder

Hamburg. (ap) Die Deutschen suchen wegen der Wirtschaftslage, den Problemen der Umwelt und den Unsicherheiten in der Politik wieder stärker nach Leitbildern. Die Rangliste der Leitfiguren führt einer Umfrage zufolge der Urwalddoktor Albert Schweitzer an, den 58,2 Prozent der Befragten am meisten bewundern. Ihm folgten Mutter Theresa (56,7 Prozent), der Arbeiterführer Lech Walesa (50,7 Prozent) und der ehemalige Bundeskanzler Konrad Adenauer (47 Prozent). Am Ende der Skala stehen die Rock-Sänger Mick Jagger (6,5 Prozent), Michael Jackson (6,9 Prozent) und Nena (7,2 Prozent).

Lech Walesa

Mutter Theresa

Albert Schweitzer

Diesen Zeitungsartikel fand ich im Sommer 1985, als ich im Rahmen meines Studiums ein Praktikum in einem Dortmunder Altenheim absolvierte. Betroffen über die tiefe Unzufriedenheit der alten Menschen, stellte ich mir die Frage, auf welchen Wurzeln sie basieren könnte und wo sich Hilfen finden lassen, der pessimistischen Lebenseinstellung zu begegnen. Gibt es Leitbilder, die das Alter als Schlußphase des Lebens erfüllend und befriedigend gestalten helfen?

Von gleicher Thematik bestimmt sind die Fragestellungen in der Gerontologie. Als interdisziplinäre Wissenschaft vom Alter und Altern gewinnen ihre Forschungen - vor allem in den letzten 25 Jahren - vermehrt an Aufmerksamkeit und Bedeutung. Eigene Subdisziplinen (Geriatrie, Gerontopsychiatrie, Gerontopsychologie, Gerontosoziologie, Geragogik) haben sich entwickelt und zeigen eine starke Praxisorientierung auf. Sie untersuchen aktuelle und bedrückende Probleme auf empirischer Basis, um fundierte Lösungsmöglichkeiten bieten zu können (vgl. Reimann, 1983^2, 8). Ihre Forschungsergebnisse lassen folgende Ursachen bezüglich des negativen Altersschicksals erkennen: Der biologische Verfall, der physische Kräfteabbau und die cerebralen Abbauerscheinungen stehen im Widerspruch zu den Idealen unserer modernen Industriegesellschaft, die das Alter leugnen und verdrängen möchte. Der betagte Mensch paßt nicht in die Kategorien, geprägt von produktiver Leistung, Gesundheit und Konsumzwang. Er muß ins Ghetto der Einsamkeit verbannt werden, weil er an die Endlichkeit des Daseins erinnert und das gesellschaftliche Wertesystem in Frage stellt. Gezielte Vorurteile gegen die letzte Lebensphase (z. B. Leistungsabfall, Desorientiertheit, Starrköpfigkeit, "primitive Frömmelei", Herrschsucht, Launenhaftigkeit) legitimieren das negative Verhalten und rauben dem Alternden den Lebensraum (vgl. Schenda, 1972, 13 ff.).

Im Sommer 1989 urteilte der Verwaltungsgerichtshof Baden-Württemberg, daß Altenpflegeheime in einem reinen Wohngebiet unzulässig seien wegen der von ihnen ausgehenden erhöhten "Lärmemission". Von den Heimbewohnern und den Pflegekräften würden Beeinträchtigungen für die Anwohner ausgehen. Zudem müsse durch Personal und Besucher mit einem erhöhten Verkehrsaufkommen gerechnet werden sowie mit nächtlichen Einsätzen von Krankenwagen (vgl. "Westfälisches Volksblatt" 6. Juli 1989, 2). Ein schockierendes Urteil, das nur allzu deutlich das gesellschaftliche Bild des alten Menschen widerspiegelt.

Gesellschaftliche Kräfte versetzen ihn gezwungenermaßen in den Ruhestand, degradieren ihn als alt, krank, leistungsunfähig und nehmen ihm auf diese Weise Freiheit, Würde und Selbstbestimmung (vgl. Petzold, 1985, 15).

Derartig negative und undifferenzierte Vorstellungen erschweren das Leben älterer Menschen ungemein, indem sie zu entsprechenden Verhaltensweisen zwingen. Das in der Gesellschaft vorherrschende Fremdbild beeinflußt das Selbstbild der alten Menschen und damit deren Handlungsspielraum. Weicht der einzelne von den Klischeevorstellungen ab, wird er erst recht gemieden und als unzurechnungsfähig abgeschoben (vgl. Koch-Straube, 1979, 33).

Anliegen der Gerontologie ist es, den negativen Kreislauf zu durchbrechen und das herkömmliche Altersbild durch gesicherte Forschungsergebnisse zu revidieren. Ausgangspunkt ist ein empirisches Wissenschaftsverständnis, das im wesentlichen auf der objektiven Erkenntnis basiert. Menschliche Lebensabläufe, Handlungen und Ereignisse, z. B. Intelligenz, Lernfähigkeit, Persönlichkeitsveränderung, Pensionierungsproblematik, Gesundheit, Wohnsituation u. a., werden wie objektive Fakten erfaßt. Die Daten ermöglichen dem Wissenschaftler gezielte Hypothesen und allgemeine Gesetzesaussagen und lassen gesichertes technologisches Handeln zu (vgl. Lehr, 1984[5]).

Demgegenüber steht nun meine Arbeit, die einen anderen Ansatzpunkt sucht. In Anlehung an I. Weinbach, Petzold und Rosenmayr kritisiere ich die einseitige Vorgehensweise in der Gerontologie: "Wir haben es in der Gerontologie mit einer subjektlosen Disziplin zu tun, die Forschungsgegenstände untersucht und beschreibt - eine gerontologie descriptive. Es wird höchste Zeit, daß ihr eine handlungsbezogene Dimension beigegeben wird, eine gérontologie appliquée, die den Betroffenen zugute kommt; denn was soll Forschung, wenn sie nicht Forschung für Menschen ist, wenn sie Daten produziert, die niemandem unmittelbar zugute kommen. Forschungen sollen uns vielmehr Materialien bereitstellen, die uns zum Handeln befähigen" (Petzold, 1985, 11; vgl. Weinbach, 1983). Prozentzahlen und Tabellen können diese Aufgabe nicht leisten. Sie werden das negative Altersbild niemals durchbrechen, weil sie dem Menschen objektiv distanziert gegenüberstehen und so dem einzelnen seine Würde und Wertschätzung als Subjekt absprechen.

Statt dessen stelle ich in meiner Arbeit theologische Aussagen, repräsentiert und veranschaulicht an der Person des Franz von Assisi, in den Mittelpunkt des Interesses. Basierend auf der Definition "Gerontologie als interdisziplinäre Wissenschaft" (Reimann, 1983[2], 8), wage ich den Versuch, die Situation des alternden Menschen mit anthropologischen und theologischen Überlegungen neu zu bestimmen. Dabei stelle ich die erfahrungswissenschaftlichen Ansätze der Biologie, Psychologie und Soziologie in den Hintergrund.

Mein methodisches Vorgehen besteht aus folgenden Schritten: Zunächst setze ich mich mit der anthropologischen Betrachtungsweise des alten Menschen auseinander und greife die Sinnfrage als wesentliche Dimension des Menschlichen heraus. Leider sprechen die in der Literatur verzeichneten Ansätze ausschließlich von der Situation des Kindes bzw. des Menschen allgemein. Eine spezielle Anthropologie des Alters wurde bisher noch nicht entwickelt (vgl. Weinbach, 1983, 3). Ich versuche, durch Einbeziehung psychologischer Erkenntnisse, einen Ansatz in dieser Richtung zu leisten unter den Stichworten "Identität, Lebenssinn und Geschichtlichkeit". Den anthropologischen Überlegungen stelle ich die franziskanische Spiritualität gegenüber und nehme eine entsprechende Einordnung vor, geleitet von der Fragestellung: Welche Wesensmerkmale des Franziskus geben dem alternden Menschen konkrete Hilfen, das Leben zu gestalten? Was macht seine Person für die letzte Lebensphase so aktuell?

Im zweiten Kapitel geht es mir um eine phänomenologische Darstellung der Krisen und Verlusterfahrungen, wobei ich sowohl den alternden Menschen selbst als auch Franziskus berücksichtige. Meine Intention ist es, eine Parallelität zwischen beiden aufzuzeigen. Anschließend befrage ich die unterschiedlichsten theoretischen und empirischen Konzeptionen der Gerontologie nach Hilfen und Ansätzen, die aufgezeigten Problemsituationen zu bewältigen. Dabei erhalten auch die statistischen Erkenntnisse gebührende Beachtung. Sie liefern wichtige Ergebnisse über mögliche "Techniken" der Daseinsbewältigung.

In einem weiteren Schritt überprüfe ich ausgewählte theologische Grundsätze und lasse in deren Statements gleichsam alle vorherigen Erkenntnisse über Sinnfrage und Verlusterfahrungen zusammenfließen. Ich räume der Theologie einen hohen Stellenwert ein, weil sie die Grundlage der franziskanischen Lebensweise bildet. Nur von deren Basis aus ist es möglich, die konkreten Seinshaltungen des Franziskus aufzuzeigen und verständlich darzulegen.

Der Einwand des Lesers wird lauten, warum ich den Umweg über Franziskus nehme und mich nicht direkt dem Thema zuwende: "Daseinsbewältigung im Alter anhand des christlichen

Glaubens". Ich sehe in Franziskus sowohl die theologischen Aussagen als auch die Forderungen bzw. Erkenntnisse der Gerontologie bezüglich Disengagement, Aktivität und Daseinstechniken (vgl. 3.1 ff.) zusammengefaßt und konkretisiert. Er hat ohne sein Wissen beide Disziplinen vereint und gelebt, weshalb ich seiner Person einen hohen Stellenwert zuordne und nicht allein die theologischen Aspekte berücksichtige.

Zwar weiß ich um die ablehnende Einstellung des Franziskus zur Wissenschaft (vgl. Gobry, 1982, 66) - sicherlich ist es nicht ganz in seinem Sinne, ihn zum Thema einer wissenschaftlichen Arbeit zu machen -, dennoch wage ich einen Versuch in dieser Hinsicht, weil nicht seine Person im Mittelpunkt des Interesses steht. Vielmehr zielt der Anspruch meiner Arbeit auf den alten Menschen selbst, auf dessen Probleme, Fragen und Anforderungen. Ihm sollen Hilfestellungen und Wege eröffnet werden zu einem innerlich frohen und zufriedenen Altern. Wesentlich ist mir, das Alter als einen Lebensabschnitt darzustellen, dessen Merkmale nicht Abstieg und Ende, sondern Chance, Freiheit und Wachstum bedeuten.

Ein Zitat von Petzold faßt meine Zielsetzung zusammen: "Das Alter als die Schlußphase des Lebens bietet die Möglichkeit, die im Leben erfahrene Fülle und Vielfalt auszuwerten, zusammenzufassen und zu integrieren. Die Vielfalt der Ereignisse, Informationen, emotionalen Erfahrungen bietet die Möglichkeit, ein Gefühl des Zusammenhanges, der Befriedigung, des Sinnes zu erlangen, ein vertieftes Verstehen seiner selbst und des Lebens ... Insofern ist Alter auch eine Zeit des Wachstums, in der noch einmal eine erfüllende und befriedigende Lebenszeit gelebt werden kann, die eine gute Basis für die unvermeidlichen Akte des Abschiednehmens und Loslassens gibt, die uns das hohe Senium und die damit unausweichlich eintretenden Verluste und die uns der ultimative Verlust des Lebens abverlangt" (Petzold, 1985, 15). Auf diesem Wege hin zu einem erfüllten und alles integrierenden Alter will Franziskus Hilfen anbieten und neue Wege eröffnen.

Doch meine Überlegungen würden an seiner Spiritualität vorbeiführen, fänden sie ihren Abschluß in rein theoretischen Aussagen. Gerade weil es ihm in erster Linie um die Praktizierung des Evangeliums ging, das er ganz konkret und einfach zu leben beabsichtigte (vgl. Pohlmann, 1985, 21), ist es mir wichtig, klare und eindeutige Hilfen aufzuzeigen, um die letzte Lebensphase zu bewältigen. Als Orientierung dienen mir die evangelischen Grundhaltungen des Franziskus, denen ich im letzten Kapitel praktische Gestaltungsvorschläge zuordne.

Die Auseinandersetzung mit meinem Thema halte ich angesichts des steigenden Anteils alter Menschen in unserer Gesellschaft für dringend erforderlich. 1986 waren 10,8 % der männlichen und 19,2 % der weiblichen Bundesbürger 65 Jahre und älter (vgl. Statistisches Bundesamt 1988, 62). Medizinische Fortschritte haben die Lebensquantität um durchschnittlich 30 Jahre verlängert. Doch gilt es nun, auch die Lebensqualität alter Menschen zu verbessern, d. h. den negativen Kreislauf der Altersstereotype zu durchbrechen. Dazu möchte meine Arbeit einen Beitrag leisten.

0. Zum Begriff "Daseinsbewältigung"

Da ich bei der Planung und Vorbereitung meiner Arbeit vielfach auf kritische Stimmen gestoßen bin bezüglich der gewählten Terminologie "Daseinsbewältigung im Alter", scheint es mir notwendig, eine Begriffsbestimmung vorzunehmen.

Keineswegs verstehe ich das Alter als eine Lebensphase, in der es ausschließlich negative Ereignisse und unerträgliche Situationen, kurz Schicksalsschläge, zu verarbeiten gilt. Ich verwerfe entschieden die düstere Ansicht S. de Beauvoirs, im Alter biete sich nichts Neues, ein Greis sei "vermindert, verkümmert und ins Exil seiner Zeit verbannt", er empfinde eine existentielle Leere, die ihn in Langeweile, Stumpfsinn und Traurigkeit, in Unzufriedenheit, Ehrgeiz und Auflehnung dahinvegetieren läßt (vgl. de Beauvoir, 1986, 384 ff.). Eine derartige Auffassung zeugt von einem nicht gefundenen Lebenssinn, von einer Unfähigkeit, negative Lebensereignisse zu verarbeiten.

Nichtsdestoweniger wird der alte Mensch gezwungen, soziale Beziehungen, gesellschaftliche Aufgaben und Funktionen zu lösen und zu verlassen, ja, ihm wird die paradoxe "Rolle der Rollenlosigkeit" zugewiesen (vgl. Woll-Schumacher, 1980, 73).

Allein dieses Faktum gilt es zu verarbeiten, und nur in diesem Sinne gebrauche ich den Begriff der "Daseinsbewältigung". Ich bin überzeugt, daß die Rollenaufgabe bei näherem Hinsehen mehr Vor- als Nachteile, ja enorme Chancen und Freiheiten bietet, die das Leben im Alter zu einem spannenden, noch nie dagewesenen "Abenteuer" werden läßt. Der eigentliche Sinnzusammenhang, das, was menschliches Leben zutiefst ausmacht, läßt sich erst dann erkennen, wenn die sozialen Kontrollmechanismen an Bedeutung verloren haben (vgl. a.a.O., 67, 86). Nur gilt es, diese positiven Elemente der letzten Lebensphase zu entdecken. Im Vordergrund stehen oftmals allein die negativen Verlust- und Grenzerfahrungen. Darum halte ich den Begriff der "Daseinsbewältigung" in diesem Zusammenhang für angebracht, weil auch ich die Krisen und Konfliktsituationen alternder Menschen zum Ausgangspunkt meiner Diskussion machen werde.

Ferner basiert die gewählte Terminologie auf fundierten wissenschaftlichen Erkenntnissen. Ihre Wurzeln liegen in entwicklungstheoretischen Ansätzen, deren Vertreter den menschlichen Lebenslauf in bestimmte Phasen bzw. Stufen einteilen, die es zu bewältigen gilt. Als Repräsentanten sind u. a. Ch. Bühler, Havighurst, Peck und Erikson zu nennen (vgl. Tismer, 1969, 6 ff.).

In der amerikanischen Entwicklungspsychologie der letzen Jahre wurde speziell der Erikson'sche Ansatz aufgegriffen, der von der Annahme ausgeht: Entwicklung vollzieht sich in der Auseinandersetzung des Individuums mit einer konkreten Situation. Jedem Lebensalter sind wechselnde soziale Rollenanforderungen gestellt, deren Bewältigung zur seelischen Gesundheit und Zufriedenheit des Individuums führt. Mißerfolge ziehen statt dessen krankhafte Erscheinungen nach sich und machen ein Lösen späterer Aufgaben unmöglich (vgl. Erikson, 1981, 91 ff.). Die zu bewältigenden Stufen ergeben sich aus der körperlichen Reifung, also den physiologisch-biologischen Gegebenheiten, aus kulturellen Normen und Erwartungen seitens der Gesellschaft und schließlich aus individuellen Erwartungen und Wertvorstellungen. "So gesehen ist Entwicklung als Prozeß während des ganzen Lebens zu verstehen: Entwicklung ist nicht nur 'Entfaltung von Anlagen', also nur endogen bedingt oder biologisch gesteuert; aber auch nicht nur von der Umwelt abhängig und noch weniger nur von Selbstverwirklichungsbestrebungen bestimmt, sondern Entwicklung ist stets das Resultat einer Interaktion des sich entwickelnden Organismus' mit dem individuellen Selbst, seinen Wertvorstellungen in einer spezifischen sozialen Situation" (Lehr, 1984^5, 144).

Auf diesem Hintergrund nennt Veelken die Daseinsbewältigung im Alter eine wesentliche Zielrichtung der Geragogik1 (vgl. a.a.O., 177). Mit Petzold und Bubolz weist er hin auf die Notwendigkeit der "Selbstregulation und Selbstverwirklichung im Lebenskontext oder, in andere Worte gefaßt, Lebensbewältigung und Lebensgestaltung" (Petzold/Bubolz, in: Veelken, 1981, 177).

Wenn ich nun im folgenden postuliere, das Alter sei zu bewältigen, so bilden ausschließlich die angeführten wissenschaftlichen Erkenntnisse sowie die Verlusterfahrungen älterer Menschen den Ausgangspunkt meiner Gedankenführung.

---

1 Der Begriff *"Geragogik"* wird von Veelken gebraucht, um Maßnahmen zur Vorbereitung auf das Alter und zur Daseinsbewältigung im Alter zu beschreiben. Der Terminus leitet sich ab von dem griechischen Wort *"geraios"*, *"geraos"* = alt, der Alte und *"ago"* = ich führe hin, ich leite, zeige den Weg. Aus dieser Bedeutung ergeben sich die Zielsetzungen der Geragogik: Vorbereitung auf und Hinführung zum Alter (vgl. Veelken, 1981, 176).

1. **Anthropologische Aspekte des Alterns und franziskanische Spiritualität**

> "Wo geh ich hin, folg ich den Wolken?
> Wo ist der Weg, den ich nicht seh?
> Wer weiß die Antwort auf meine Frage,
> Warum ich lebe und vergeh?
> Wo geh ich hin?
> Folg ich den Kindern?
> Sehen sie den Weg, den ich nicht seh?
> Gibt mir ihr Lächeln etwa die Antwort,
> warum ich lebe und vergeh?
> Folg ich dem Winde?
> Folg ich dem Donner?
> Folg ich dem Neon, das leuchtet im Blick derer,
> die lieben?
> Tief in der Gosse, hoch unter Sternen
> kann Wahrheit sein!
> Wo geh ich hin?
> Folg ich dem Herzen?
> Weiß meine Hand, wohin ich geh?
> Warum erst leben, um dann zu sterben?
> Ob ich das je versteh?
> Wo komm ich her?
> Wo geh ich hin?
> Sagt, wozu?
> Sagt, woher?
> Sagt, wohin?
> Sagt, worin liegt der Sinn?
>
> (Text aus der deutschen Fassung des Musicals "Hair")

Offene herausfordernde Fragen eines Musicals - in welchem Zusammenhang stehen sie zum alternden Menschen und noch mehr zu Franziskus? Handelt es sich nicht ausschließlich um idealistische Gedankenflüge junger Menschen, die die althergebrachten Konventionen ihrer Eltern verwerfen und nach einer eigenen, vermeintlich besseren Lebensrichtung suchen?

Ich meine nein, im Gegenteil, diese Zeilen sprechen mit besonderer Aktualität von der Situation betagter Menschen. Angesichts vermehrter Grenzerfahrungen im Alter - es handelt sich um Geschehen, denen der einzelne machtlos gegenübersteht und nicht ausweichen kann (z. B. Krankheit oder Tod) - ergibt sich akut und unausweichlich die Notwendigkeit im unmittelbaren Lebenszusammenhang eines jeden, seinem Dasein eine Richtung zu geben, es in einen größeren Sinnzusammenhang einzuordnen. Kein alter Mensch kann auf Dauer leben, ohne seinem Handeln und Tun eine Orientierung zu verleihen, es sei denn, er wolle der Verzweiflung verfallen. Integrität oder Verzweiflung - das sind die polaren Seinsmöglichkeiten, welche die inhaltliche Ausrichtung der letzten Lebensphase bestimmen (vgl. Erikson, 1981, 142 f.; Weinbach, 1983, 76 ff.).

Franziskus hat die Haltung der Integrität gelebt. Er fand auf die Fragen des Woher und Wohin eine grundlegende Antwort, die ihn veranlaßte, sein Leben gegen alle Widerstände radikal zu verändern und neu auszurichten. Um welche Antwort handelt es sich bei Franziskus, und inwiefern kann sie dem alternden Menschen zur Sinnfindung verhelfen? Diese Themenbereiche sollen im ersten Kapitel auf anthropologischer Basis erläutert werden.

1.1 Der alte Mensch - ein soziokulturelles, religiöses und geschichtliches Wesen

Rahner macht zum anthropologischen Grundverständnis des Alterns zwei sich scheinbar widersprechende Aussagen:

a) "Der Mensch altert und stirbt immer auf gleiche Weise."
b) "Das Altern, das Alter und das Sterben sind in jeder Epoche und gesellschaftlichen Situation ganz verschieden."
(Rahner, in: Schmid/Kirchschläger, 1982, 11)

Dürfen beide Ansichten Gültigkeit beanspruchen? Offensichtlich handelt es sich bei der ersten These um eine naturwissenschaftliche Sichtweise, welche die "Natur" des Menschen charakterisieren und den biologischen Alternsprozeß mit allen Begleiterscheinungen exakt beschreiben und analysieren will. Beschränke ich mich ausschließlich auf die physiologische Wirklichkeit des Menschen, dann darf ich zu Recht behaupten, jeder altert auf gleiche Weise, und Unterschiede gibt es nicht (vgl. Rahner in: a.a.O., 10 f.).

Doch betrachte ich den Verlauf der Geschichte und die jeweiligen gesellschaftlichen Epochen, dann muß die erste Aussage Rahners revidiert oder wenigstens ergänzt werden. Altern vollzieht sich in der primitiven archaischen Gesellschaftsstruktur in völlig anderer Weise als in einer modernen Industrienation, wo Wirtschaft und Medizin ungeahnte Möglichkeiten bereitstellen, um die letzte Lebensphase zu bewältigen. Ebenso geben die verschiedenen Kulturen, Religionen und Weltanschauungen dem Alternsprozeß ein je eigenes Gepräge, indem sie Altern und Sterben vielfältig interpretieren. Insofern hat auch die zweite Aussage Rahners ihre Berechtigung (vgl. a.a.O., 11). Altern stellt sich zweifellos dar als eine "nicht bis zum Ende analysierbare Einheit von Natur und Geschichte, Physiologie und gesellschaftlicher Situation" (Rahner, in: a.a.O., 10). Wesentlich ist ferner das einmalige Erleben des einzelnen. Der Mensch ist mehr als ein beliebiges Exemplar einer Gattung und eines Kollektivs, er ist der "einmalig eine, der sein Leben in unvertretbarer Freiheit mitgestaltet" (vgl. a.a.O., 12). Ja, seine Einmaligkeit, seine Identität kristallisiert sich gerade im soziokulturellen und geschichtlichen Kontext heraus. Der Alternde selbst muß sich mit dem biologischen Verfall auseinandersetzen und seine Natur, so wie sie sich darstellt, anerkennen und bejahen.

Diese Aspekte werde ich aufgreifen und näher erläutern. Dabei beziehe ich mich nicht in jedem Fall ausschließlich auf den alternden Menschen. Um die Kontinuität zu den vorherigen Lebensphasen zu wahren, werde ich bei der anthropologischen Grundlegung alle Altersklassen berücksichtigen, jedoch dem alternden Individuum besondere Beachtung schenken.

1.1.1 Identität und Individualität

Ich stelle die Identität als wichtigstes Faktum einer Anthropologie des Alterns heraus. Erst in der letzten Lebensphase erreicht die Einmaligkeit und die unverwechselbare Besonderheit eines Individuums ihren Höhepunkt. Im Altwerden zeigt sich eine gesteigerte Individualität und eine ganz spezifisch ausgeprägte Persönlichkeit. "Man wird geboren als ein 'vieler' und stirbt als 'einer'" (Nyiri, in: Schmid/Kirchschläger, 1982, 33).

Erikson definiert Identität als "die dialektische Erfahrung, sich einem Kollektiv zugehörig zu fühlen und sich dabei zugleich als einmaliges Individuum zu wissen" (Erikson, in: Fraas, 1983, 47). Anders gesagt, Identitätsentfaltung ist die ständige Konfrontation des Menschen mit seinem eigenen Persongeheimnis oder die stets neue und andere Antwort auf die Fragen: Wer bin ich? Woher komme ich? Wofür lebe ich? Hat der einzelne hier seinen Standort gefunden, so ist er in der Lage, sein Dasein zu bewältigen bzw. zu bestehen. Daseinsbewältigung beschreibe ich als die Fähigkeit, das Leben mit all seinen Höhen und Tiefen stets neu zu bejahen und zu gestalten entsprechend den Maßstäben und Wertsetzungen, die der einzelne für richtig erachtet.

Doch wie kann sich die Identität eines Menschen entwickeln? Handelt es sich um eine "kämpferisch" zu erbringende Einzelleistung des Individuums, oder spielen Gesellschaft und Kultur eine ebenso wichtige Rolle?

Nach Veelken ist Identität das Ergebnis von Anpassung und Konfrontation mit der Umwelt (vgl. Veelken, 1981, 79). Im Spannungsverhältnis von Anpassung an die Gesellschaft und an sich selbst einerseits sowie Konfrontation mit der Umwelt und den eigenen Bedürfnissen andererseits entwickelt der Mensch seinen individuellen Lebensplan, der möglicherweise gegenüber bestimmten Gruppen durchgesetzt werden muß (vgl. a.a.O., 92).

Insofern beinhaltet die Aussage, der Mensch sei ein Wesen der Identität, gleichzeitig eine Beschreibung des Menschen als ein soziokulturelles Wesen. Beide Definitionen machen inhaltlich ein und dieselbe Aussage: Der einzelne kann nicht allein existieren. Er ist von Geburt an auf soziale Beziehungen angewiesen. Gerade im Umgang mit anderen kristallisiert sich das eigentliche, die Individualität einer Person, heraus. Die Geschichte eines Menschen vollzieht sich nur in Gemeinschaft. Stets muß die Spannung zwischen dem Anspruch der anderen und den individuellen Bedürfnissen ausgehalten und ins Gleichgewicht gebracht werden, was Krisen und Kämpfe zur Folge hat.

Die Krisen macht Erikson zum Ausgangspunkt seines entwicklungstheoretischen Ansatzes, in dem die Identitätsstufen eines Menschen entsprechenden Lebensaltern zugeordnet werden. Entwicklung ereignet sich ausschließlich in Interaktion mit der Umwelt, die jeder Lebensphase wechselnde Rollenanforderungen stellt (vgl. O.). Diese können eine Chance zur Reifung, zur Identitätsentfaltung bergen, aber ebenso die Möglichkeit des Versagens und Scheiterns in sich tragen. Insgesamt teilt Erikson den Lebenslauf in acht Phasen ein, von denen ich nur die letzte vorstellen werde, weil sie ausdrücklich Bezug nimmt auf den alternden Menschen.

In der Entwicklungsphase des Alterns geht es um die Seinsweisen Integrität oder Verzweiflung, wobei ich Integrität definiere als "die dem Ich zugewachsene Sicherheit, daß es nach Ordnung und Sinn strebt ... Es ist die Bereitschaft, seinen einen und einmaligen Lebenszyklus zu akzeptieren und ebenso die Menschen, die für ihn bedeutsam geworden sind, als etwas, das sein mußte und das zwangsläufig keinen Ersatz zuließ. Es bedeutet damit eine neue und andere Art von Liebe zu den eigenen Eltern, frei von dem Wunsch, daß sie anders hätten sein sollen, und die Hinnahme der Tatsache, daß man für sein eigenes Leben selber verantwortlich ist" (Erikson, 1981, 142 f.).

Integrität meint also die Bejahung des bisher gelebten Lebens mit all den erreichten Zielen und den unerfüllt gebliebenen Hoffnungen. Gelingt dieser Entwicklungsschritt zur Ich-Integration nicht, so kommt es zu Abscheu und Verzweiflung entsprechend dem Gefühl, das Leben verfehlt zu haben. Der alte Mensch sucht neue Wege zur Integrität und spürt im selben Augenblick, daß ihm keine Zeit mehr bleibt, das Leben in anderer Weise zu gestalten, was zwangsläufig zu einer inneren Verzweiflung führen muß. Sie äußert sich in Ekel und Mißbilligung gegenüber bestimmten Institutionen und Menschen und führt schließlich zur Verachtung der eigenen Person (vgl. a.a.O., 143).

Mit dem Erikson'schen Ansatz sehe ich meine These bestätigt, daß Individualität und Einmaligkeit des Menschen im Alter ihren Höhepunkt erreichen, insofern Krisen und Entscheidungen, die in früherer Sozialisation mißlungen sind, im Alter positiv entschieden werden können. Doch ebenso zeigt das Modell pessimistische Tendenzen. Die Situation des Alternden kann und darf mit den zwei Begriffen nicht adäquat erfaßt werden. Ein "Entweder-oder-Denken" wird der individuellen Vielfalt menschlichen Lebens nicht gerecht. Ferner sind der Verzweiflung schon zahlreiche Senioren verfallen. Eine Gerontologie, der es in erster Linie um den Menschen und weniger um Wissenschaftlichkeit geht, sollte angemessene Umweltbedingungen schaffen, die den Entwicklungsschritt hin zur Verzweiflung in jedem Fall ausschließen.

1.1.2 Auf der Suche nach Sinn

"Aufstehen, Straßenbahn, vier Stunden Büro oder Fabrik, Essen, Straßenbahn, vier Stunden Arbeit, Essen, Schlafen, Montag, Dienstag, Mittwoch, Donnerstag, Freitag, Samstag, immer derselbe Rhythmus - das ist sehr lange ein bequemer Weg. Eines Tages aber steht das 'Warum' da, und mit diesem Überdruß, in den sich Erstaunen mischt, fängt alles an ... Schließlich führt dieses Erwachen mit der Zeit folgerichtig zu der Lösung: Selbstmord oder Wiederherstellung" (Camus, in: Grom, 1982, 75).

Camus stellt die Sinnfindung als unbedingte Notwendigkeit eines jeden Menschen heraus, indem er auf fast schockierende Weise, aber sehr realitätsnah, den monotonen Alltag eines durchschnittlichen Bürgers in den Blick nimmt. Der einzelne kann sein Dasein nur in dem Maße bestehen und bewältigen, wie er um den Sinn seines Lebens weiß. "Sinn" beschreibe ich in Anlehnung an Moser als das Einschlagen einer Richtung, als Verfolgen eines Zieles. Sinn baut auf, reißt andere mit und führt von Stufe zu Stufe voran. Auf die Zukunft bezogen, spornt er den Menschen zu Handlungen an und weist als "Leitstern" die Richtung. Etwas, was verneint und zerstört, kann nicht sinnvoll sein (vgl. Moser, 1987[8], 18).

Im folgenden belege ich die Aussage Camus' mit den unterschiedlichsten Beiträgen und erläutere anhand der Ergebnisse die Notwendigkeit eines übergeordneten Sinnzusammenhanges. Im Mittelpunkt meiner Diskussion steht die These Roth's, der den Menschen als geistiges und religiöses Wesen definiert, ebenso der zentrale Gedanke Frankl's, der einzelne sei zutiefst durchdrungen von einem "Willen zum Sinn". Abschließend gehe ich auf die Aktualität der Sinnsuche im Alter ein und stelle sie als anthropologischen Aspekt der letzten Lebensphase heraus.

In seinen Ausführungen bezüglich der Sonderstellung des Menschen beschreibt Roth den einzelnen als geistiges und kulturelles Wesen (vgl. Roth, 1971[3], 134 ff.). Während das Tier ausschließlich als wahrnehmendes, getriebenes, fühlendes und reagierendes Individuum definiert werden kann, ist es dem Menschen nicht möglich zu existieren, "ohne vom Wahrnehmen zum Denken fortzuschreiten, vom Getriebensein und Angetriebensein zum Wollen, vom Fühlen zum bewußten Werten, vom Agieren und Reagieren zum Handeln, d. h. zum bewußt durchdachten, bewußt gewerteten, bewußt entschiedenen und verantworteten Handeln" (Roth, 1971³, 134). Der Mensch verfügt über die Fähigkeit, sich selbst und die Welt triebentlastet, also sachlich, zu erfassen und ausschließlich vom Sachinteresse geleitet zu werden. Er entwickelt ein Werterleben, das Mitmenschlichkeit, Brüderlichkeit und Nächstenliebe gegenüber anderen sowie Vervollkommnung und Selbstverwirklichung der eigenen Person fordert. Werte bilden die Basis, von der aus der einzelne Normen kritisiert und neue produziert. Als Wesen der Triebentbundenheit und Freiheit ist der Mensch nicht sklavisch an seine Bedürfnisse und Wünsche gebunden. Er kann sich für oder gegen sie entscheiden, sie durchdenken, werten und lenken.

Ferner ist er in der Lage, sein Wollen zu verantworten, d. h., er ist nicht wie das Tier gezwungen, auf bestimmte Reize und Signale in vorgegebener Weise zu reagieren, vielmehr richtet er sein Tun aus nach Zielen, die er sich selbst gesetzt hat und für die er vor anderen einstehen wird, ohne Rücksicht auf negative Konsequenzen, die sein Handeln nach sich ziehen könnte (vgl. a.a.O., 134 ff.).

In diesen Ausführungen definiert Roth den Menschen nicht ausdrücklich als sinnsuchendes Wesen. Doch werden erste Voraussetzungen genannt, welche die Sinnhaftigkeit menschlichen Daseins umschreiben. Der Autor nennt z. B. das Werterleben und die Verantwortlichkeit als typische menschliche Aspekte. Wonach aber richtet der einzelne seine Werte und Zielsetzungen aus, wenn nicht nach Maßstäben und Orientierungen, die er für sinnvoll erachtet?

Ausdrücklich angesprochen wird die Notwendigkeit eines Sinnbezuges in den Überlegungen, die sich auf den religiösen Bereich menschlichen Lebens beziehen. Roth definiert den Menschen als *"homo religiosus"*, d. h. als ein "Wesen der Hoffnung und der

Angst, der Geburt und des Todes, der Liebe und des Kampfes, der Träume und der Wirklichkeit" (a.a.O., 140).

Der Mensch weiß als einziges Lebewesen um seinen Tod, er fragt nach dem Woher und Wohin. Einerseits kann er die Welt gestalten und planen und sieht sich als Herr der Geschichte, andererseits erfährt er sich bestimmten Grenzsituationen seines Lebens hilflos ausgeliefert. Gegenüber diesen Ohnmachtserfahrungen findet der Mensch ausschließlich in Religionen Sinn. "Kein Mensch, auch nicht der einfachste Mensch, kann ohne Weltdeutung, sei sie noch so primitiv und pauschal, geistig leben. Wo ihm nicht die Religion zu einer solchen Deutung verhilft, greift er zu Visionen, die diese ersetzen sollen" (a.a.O., 141).

Zwei Aspekte möchte ich dem Gesagten entnehmen: Es liegt im Wesen des Menschen begründet, daß er nach Ziel und Richtung seines Lebens fragt und sich mit den gegebenen Tatsachen nicht ohne weiteres abfinden kann.

Ferner nennt Roth die Religion als konkreten Ort der Sinngebung und Weltdeutung. Es geht nicht darum, daß der Mensch seinen Lebenssinn irgendwo findet, er bedarf vielmehr der religiösen Sinngebung. Ob diese These Gültigkeit beanspruchen kann, möchte ich nicht näher überprüfen. Mir ist es ausschließlich wichtig, herauszustellen, daß die Frage nach Sinnerfahrungen keineswegs als Krankheits- oder Krisenphänomen betrachtet werden darf. Statt dessen stellt sie ein grundlegendes anthropologisches Bedürfnis menschlicher Existenz dar, dem der einzelne auf Dauer nicht ausweichen kann.

Noch präziser als Roth definiert Frankl den Menschen als ein Wesen, das zutiefst durchdrungen ist von einem Willen zum Sinn. Der einzelne weist immer schon über sich selbst hinaus und ist gleichsam auf transzendente Erfahrungen hin ausgerichtet (vgl. Frankl, 1979, 46). Zahlreiche seelische Krankheiten bis hin zu Neurosen haben ihre Ursache im Sinnverlust, der als "existentielles Vakuum" erlebt wird (vgl. a.a.O., 141). Die Tatsache, daß ein Individuum es wagt, nach Sinnbezügen zu suchen, ja sogar in der Lage ist, die Existenz eines solchen Sinnes in Frage zu stellen, ist allein schon Ausdruck seiner geistigen Mündigkeit und manifestiert die Menschlichkeit des einzelnen. "Denn es ist geistige Mündigkeit, wenn jemand es verschmäht, eine Antwort auf die Sinnfrage einfach aus den Händen der Tradition entgegenzunehmen, vielmehr darauf besteht, sich selber und selbständig auf die Suche nach Sinn zu begeben" (a.a.O., 46).

Bis zu diesem Punkt gleichen die Gedanken Frankl's den Ausführungen Roth's. Gemeinsam beschreiben sie die Sinnsuche als ein dem Menschen zutiefst innewohnendes Bedürfnis. "Der Mensch ist immer schon ausgerichtet und hingeordnet auf etwas, das nicht wieder er selbst ist, sei es eben ein Sinn, den er erfüllt, oder anderes menschliches Sein, dem er begegnet. So oder so: Menschsein weist immer schon über sich selbst hinaus, und die Transzendenz ihrer selbst ist die Essenz menschlicher Existenz" (a.a.O., 100).

Frankl geht jedoch über die These Roth's hinaus. Während Roth ganz allgemein auf die Religion als Ort der Sinnfindung verweist, nennt Frankl spezielle Bereiche, in denen sich Sinn finden läßt. Eine erste Dimension ist die Hingabe an eine Sache. Wo der Mensch schöpferisch tätig wird in der beruflichen Arbeit, in einem künstlerischen oder wissenschaftlichen Werk und sich auf diese Weise selbst verwirklicht, kann er die Erfahrung von Sinn machen.

Eine weitere zeigt sich in der Liebe, in der Hingabe an eine Person. Sinn wird dort vermittelt, wo der Mensch von seiner eigenen Person absieht und sich liebend einem anderen zuwendet, wo er denselben in seiner ganzen Einmaligkeit und Einzigartigkeit erlebt und ernst nimmt (vgl. a.a.O., 47, 147; vgl. Arnold, 1983, 24).

Eine dritte und letzte Dimension der Sinnerfahrung kann sich in Grenzsituationen einstellen, dort, wo der Mensch dem Unabänderlichen begegnet und die negative Situation nicht verändern kann: "... dort, wo wir als hilflose Opfer mitten in eine hoffnungslose Situation hineingestellt sind, auch dort, ja gerade dort, läßt sich das Leben noch immer sinnvoll gestalten, denn dann können wir sogar das Menschlichste im Menschen verwirklichen, und das ist seine Fähigkeit, auch eine Tragödie - auf menschlicher Ebene - in einen Triumph zu verwandeln. Das ist nämlich das Geheimnis der bedingungslosen Sinnträchtigkeit des Lebens: daß der Mensch gerade in Grenzsituationen seines Daseins aufgerufen ist, gleichsam Zeugnis abzulegen davon, wessen er und er allein fähig ist" (Frankl, 1979, 47).

Auf dem Hintergrund dieser provozierenden Aussage stelle ich folgende These auf: Das Fragen und Suchen nach Sinn zählt zu den zentralsten Aufgaben alternder Menschen. Selbst wenn der einzelne bislang die Sinnfrage nicht gestellt bzw. verdrängt hat, im Alter läßt sie sich nicht länger leugnen und fordert statt dessen Beachtung mit einer Heftigkeit und Aktualität wie nie zuvor.

Aber darf ich dem alten Menschen ein Suchen unterstellen? Ein hochbetagter Greis, der die Mitte seiner Lebenszeit weit überschritten hat, müßte er nicht längst seine Richtung und Orientierung gefunden haben?

Die Entwicklungspsychologie verneint diese Frage. Lange Zeit befaßte auch sie sich ausschließlich mit dem Lebensabschnitt der Kindheit und Adoleszenz. Entwicklungsvorgänge im Erwachsenenalter und Alter wurden verneint und darum nicht erörtert. Entwicklung galt als jene Phase, in der Aufbau, Ausdifferenzierung und Vorbereitung auf das Erwachsenenalter ablaufen. Erst in den letzten Jahrzehnten wurde den späteren Lebensabschnitten größere Aufmerksamkeit gewidmet und Entwicklung verstanden als ein lang andauernder Prozeß, der mit dem Tode des Individuums seinen Abschluß findet (vgl. Oerter/Montada, 1982, 315).

"Auch der ältere Mensch bleibt ein gesellschaftlich vermitteltes aktives Subjekt in einem sozialen Kontext, der ökologisch als Soziotyp zu verstehen ist. Menschliche Identität entfaltet sich weiterhin in wechselseitiger, interdependenter Beziehung zwischen dem Subjekt und der gesellschaftlich vermittelten Realität sozialer und materieller Umwelt. Beide Bezugsgrößen - Gesellschaft und Individuum - sind nicht statisch zu sehen, sondern befinden sich in permanenter Veränderung, sozialer Wandel einerseits, individuelle Entfaltung andererseits" (Veelken, 1988, 194).

Man kann zu Recht von einer tertiären Sozialisierung sprechen. Wo der Alternde bestrebt ist, "den jeweiligen Prozeß gesellschaftlichen Wandels, der Evolution von Universum und Umwelt, auf der ihm eigenen Ebene der Entfaltung nachzuvollziehen" (ebd., 195), ist er bereit zu Wachstum und Entfaltung.

Demnach läßt sich die Sinnfrage keineswegs zu einem bestimmten Zeitpunkt ein für allemal beantworten. Der Mensch ist nicht auf eine Sinnfindung hin festgelegt, er bleibt im Gegenteil ein ganz und gar werdender Mensch, dessen Lebensentwürfe sich allmählich ausformen und ständig verändern. Eine Revision des Sinngebungssystems wird immer dann erforderlich, wenn auftretende Ereignisse in das geltende System nicht mehr eingeordnet werden können (DZA, 1987[2], 15). Spätestens dann, wenn sich die Lebensideale nicht erfüllen, wenn der einzelne Bilanz zieht und neben den erfüllten und glücklichen Stunden auch auf Nichterreichtes, auf schuldhaftes Versagen zurückblicken muß, gerade dann geht es darum, die Sinnfrage in neuer Weise zu beantworten (vgl. Moser, 1987[8], 69 ff.; Heer, 1983[4], 15 ff.).

Und genau diese Rückschau vollzieht sich im Alter. Befreit von gesellschaftlicher Fremdbestimmung, von den Werten der zweckgebundenen Tätigkeiten, bleibt dem betagten Menschen Zeit zur Reflexion, Zeit, den Sinn des Lebens suchend zu erspüren. Der Alternde hat sein Leben "vor sich gebracht". In unzähligen freien Entscheidungen ließ er Chancen und Möglichkeiten zurück und ist nun aufgerufen, die entstandene konkrete Lebensgestalt anzunehmen und zu bejahen. Im Alter ist der Mensch das, was er durch sein ganzes Leben hindurch geworden ist. Er ist gleichsam identisch mit seiner Geschichte, die vor dem prüfenden Blick des Gedächtnisses und der Erinnerung steht (Rahner, in: Schmid/ Kirchschläger, 1982, 13). In besonderer Weise hält der einzelne Rückschau, fragt nach dem Woher und Wohin seines Daseins und verlangt nach einem Sinnzusammenhang.

Neben der rückblickenden Akzeptanz des eigenen Lebens bedarf es einer Auseinandersetzung mit den Verlust- und Grenzerfahrungen, denen der Alternde verstärkt gegenübersteht (vgl. 2.1). So konstatiert U. Lehr: "Denn jedes Älterwerden verlangt eine Umstellung auf eine neue Lebenssituation und bringt als solche Probleme mit sich, verlangt eine Anpassung und Umorientierung und bedeutet vielfach ein Aufgeben früherer Verhaltensweisen, Pflichten und Rechte und eine Übernahme neuer

Pflichten, neuer Aufgaben, neuer Rechte. Eine solche Umstellung wird häufig als Belastungssituation erlebt" (Lehr, 1984[5], 140).

Zwei Aussagen möchte ich dem Zitat entnehmen:

a) Die Konfrontation mit der Tatsache des Altseins läßt den Menschen zunehmend nach einer Orientierung suchen anhand der Fragen: Wer bin ich? Wozu werde ich noch gebraucht? Wo werde ich einmal sein?

b) Der Alternsprozeß ist ein irreversibler, unabänderlicher Vorgang, den der einzelne primär als negativ erlebt, weil er die belastende Situation nicht aufheben kann.

Ich erinnere hier an den Gedankengang Frankl's. Er zählt die unabänderlichen schmerzvollen Erfahrungen zu den drei Dimensionen, die Sinnhaftigkeit vermitteln können (vgl. Frankl, 1979, 47). Das heißt konkret: Weil der alternde Mensch in hohem Maße Grenzsituationen begegnet, ist er in einzigartiger Weise aufgerufen, nach Sinn zu suchen, sie einzuordnen in einen transzendenten Lebenszusammenhang und sie zu einer Leistung auf menschlicher Ebene zu verwandeln. Die Suche nach Sinn läßt sich geradezu als anthropologisches Merkmal des Alterns herausstellen.

1.1.3 Sinnerleben und Vorbilder

Menschliches Lernen vollzieht sich nicht ohne Vorbild und Nachahmung, gleichgültig, ob es sich um kulturelle und religiöse Inhalte oder um den Erwerb bestimmter Verhaltensweisen handelt (vgl. Biemer, 1983, 11). Diese Tatsache gilt nicht ausschließlich für Kindheit und Adoleszenz. Vielmehr haben gerontologische Forschungen herausgestellt, daß die Lernfähigkeit im höheren Erwachsenenalter keineswegs abnimmt, höchstens eine Umstrukturierung erfahren kann, insofern sich die Kapazität, die Leichtigkeit, Nachhaltigkeit, Anregbarkeit und Intensität des Lernens verändert. Für etwaige Lerndefizite ist weniger der Alternsprozeß selbst verantwortlich, sondern ausschlaggebend sind somatische, soziale, psychologische und biographische Faktoren (vgl. Lehr, 1984[5], 86).

Wenn aber der Mensch selbst im fortgeschrittenen Alter lernen und sich entwickeln kann (vgl. 1.1.2), dann bedarf er auch der Vorbilder, die ihm Orientierung und Richtung aufzeigen.

Ich greife erneut auf anthropologische Aussagen zurück, um meine These zu belegen: Roth beschreibt den Menschen als ein geschichtliches Wesen. Der einzelne wird in eine bestimmte gesellschaftliche und kulturelle Situation hineingeboren und übernimmt deren Wertvorstellungen, Sitten und Gebräuche. Kein menschliches Individuum muß mit seiner Entwicklung noch einmal am Nullpunkt der Geschichte beginnen. Statt dessen gestaltet jeder sein Leben basierend auf den Erfahrungen anderer. Diese werden mittels der Sprache "übertragungs- und überlieferungsfähig", so daß Erfindungen und Problemlösungen für alle wichtig und von "Individuum zu Individuum und von Gruppe zu Gruppe summiert und von Generation zu Generation tradiert werden" (Roth, 1971[3], 131).

Der Mensch als ein Wesen der Tradition darf Einsichten und Leistungen der vorausgegangenen Generation übernehmen und fortführen. Die Übernahme ist wichtig, um die Kulturstufe und den Wissensstand der Menschheit aufrechtzuerhalten. Ebenso bleibt die Fortführung und das Weiterplanen des einmal Erreichten unerläßlich, weil vergangene und gegenwärtige Erkenntnisse niemals ausreichen. Immer wieder steht der Mensch vor neuen, in der Form noch nie dagewesenen Aufgaben und Problemen, für deren Lösung neue Wege gefunden werden müssen (vgl. a.a.O., 133).

Übertragen auf die Suche nach Lebenssinn heißt Geschichtlichkeit nichts anderes, als daß auch der Sinn des Daseins kumulativ überliefert wird, orientiert an der Biographie anderer Menschen. Personen, Gruppen und größere soziale Einheiten können Sinngebungssysteme übermitteln.

Mit den Begriffen Identität, Sinn und Geschichtlichkeit habe ich ein anthropologisches Grundverständnis des Alterns vorgelegt und so die Voraussetzung geschaffen für eine Einordnung der franziskanischen Spiritualität. Soll diese dem alternden Menschen Hilfe zur Daseinsbewältigung sein, so muß sie den anthropologischen Aussagen entsprechen.

1.2 Franziskanische Spiritualität als Hilfe zur Sinnfindung

Im folgenden geht es mir darum, den Lebensentwurf des Franziskus, insbesondere sein Suchen und Fragen, in Beziehung zu setzen zur anthropologischen Bestimmtheit des Menschen, zur "Selbst-Transzendenz menschlicher Existenz" (Frankl, 1979, 147). Was macht Franziskus für den Alternden so aktuell?

Bei der Beantwortung der Frage werde ich auf alte Quellen und Schriften zurückgreifen, um die franziskanische Spiritualität so getreu wie möglich herauszustellen. Deshalb ist es mir wichtig, einen Exkurs in die Franziskusforschung zu geben mit der

Intention, die von mir angewandten Quellen zu charakterisieren, zu ordnen und dem Leser einen Überblick über die Texte zu verschaffen. Gleichzeitig werde ich den "Sitz im Leben" der Schriften bestimmen, d.h. deren primäre ursprüngliche Entstehungssituation herausarbeiten, um ein Verstehen der ausgeschmückten und bildhaften Texte zu erleichtern.

1.2.1 Exkurs über die franziskanischen Quellen und Schriften

Über Franziskus existiert eine solche Vielzahl von Büchern, daß es den Rahmen meiner Arbeit weit übersteigen würde, wollte ich alle Texte und Schriften, die seine Person betreffen, vorstellen. Ich werde mich auf einige wesentliche Quellen beschränken, die ich im Zusammenhang meiner Thematik häufig zitieren werde. Als Literaturgrundlage dient mir das Werk von E. Hug/Rotzetter (Hrsg.), Franz von Assisi, Arm unter Armen, München 1987.

Franziskus selbst hat zahlreiche Schriften hinterlassen, die im ersten Band der Franziskanischen Quellenschriften zusammengestellt sind. Dort heißt es:

"... die lebendige Gestalt des hl. Franziskus ist durchaus nicht eindeutig. Viele Lebensbeschreibungen des Heiligen ... stammen aus einer Zeit, in der seine Söhne schon mit großer Leidenschaft - in verschiedene Richtungen sich trennend - um die Form ihres Lebens rangen. Jede dieser Richtungen bemühte sich darum, ihre Auffassung des franziskanischen Lebens als die einzig richtige, d. h. als die der Gestalt des Heiligen entsprechende, hinzustellen; und unter den neueren Franziskusbiographien ergibt sich das gleiche mannigfaltige Bild. So haben die Franziskuslegenden alle ihren 'Sitz im Leben', dessen Kenntnis und Erkenntnis für das rechte Verständnis der Legenden von ausschlaggebender Bedeu-

tung ist. Das Bemühen jeder franziskanischen Generation ... muß dahin gehen, das Lebensbild des heiligen Franziskus von allen späteren Übermalungen zu befreien. In diesem Bemühen leisten die Schriften des Heiligen einen Beitrag, der niemals hoch genug veranschlagt werden kann, denn hier spricht er selbst, unmittelbar und ganz persönlich."
(Hardick/Grau, in: Franziskan. Quellenschriften, 1980[6], 21)

Diese Zeilen sprechen den von Franziskus selbst hinterlassenen Schriften eine wertvolle Bedeutung zu. Gleichsam als "Urgesteine" spiegeln sie die ursprüngliche Gestalt des Mannes wider und befreien von späteren legendären Ausschmückungen und Projektionen. In seinen Texten lassen sich zwei verschiedene Sprachebenen beobachten:

a) Die Sachebene

Franziskus gebraucht die alltägliche Umgangssprache, wenn er ermahnt oder beschreibt (vgl. die Regeln, das Testament, die Briefe und Ermahnungen). Sein schriftlicher Ausdruck wirkt ungebildet und hilflos, z. B. verwendet er stets das einfach "et" = "und" am Anfang seiner Sätze. Dennoch kommt in dieser fehlerhaften Sprache das eigentliche Anliegen des Franziskus überzeugend zum Ausdruck (Hug/Rotzetter, (Hrsg.), 1987, 13).

b) Die Ebene der Ekstase

Franziskus' Hilflosigkeit wird zur sprachlichen Gewandtheit und erreicht dichterische Höhe, wenn inmitten alltäglicher Gegebenheiten (z. B. in einem Brief, in seiner Regel) der Name Gottes auftritt.

Zwei Schriften, auf die ich mich im folgenden beziehen werde, machen die unterschiedlichen Sprachebenen deutlich:

Im Testament zeigt sich der einfache, unbeholfene Sprachstil, weshalb die Echtheit des Textes in der Forschung nicht mehr angezweifelt wird. Entstanden in den letzten Lebenstagen des Heiligen, im September/Oktober 1226 (vgl. Hardick/Grau, in: Franziskan. Quellenschriften, 1980[6], 39), geben die Zeilen den getreuen Wortlaut unverfälscht wieder. Wertvolle Hinweise über Persönlichkeit, Ideale und Vorstellungen lassen sich dem Inhalt entnehmen.

Ein für meine Arbeit ebenso wichtiges Dokument stellt der Hymnus des Sonnengesanges dar, dessen Echtheit von Thomas von Celano, einem bedeutenden Schriftsteller des Ordens und der damaligen Zeit, bezeugt wird (vgl. Hug/Rotzetter, (Hrsg.), 1987, 18). Zweifellos zeigt sich in der Sprache des Liedes eine dichterische Veranlagung und noch weit mehr als das: "Der Sonnengesang ist der Ausdruck einer versöhnten Welt, die im Herzen des Franziskus Gestalt wurde. Aber es geht nicht nur um einen poetisch-religiösen Diskurs über die Dinge. Vielmehr scheinen die Dinge selbst zur Hülle einer noch tieferen Rede geworden zu sein. Das kosmische Lob offenbart die unbewußte Symbolsprache eines inneren Weges, eine Enthüllung der Seelentiefe. Diese Symbolsprache erscheint genauerhin als eine Poetik der Versöhnung des Menschen mit seiner Archäologie, des Sichöffnens für das Gesamt einer Existenz im Licht des Seins" (Leclerc, in: Boff, 1983, 68 f.).

Anders gesagt, Franziskus gebraucht die Symbolsprache der kosmischen Elemente Sonne, Wind, Wasser, Feuer, Erde und selbst den Tod, um sein inneres Erleben, Denken und Empfinden auszudrücken. Es besteht in einer universalen Versöhnung und

Verbrüderung, in einer "kosmischen Verschmelzung" mit allen Dingen, mit der Natur, mit den Menschen und mit Gott selbst. Indem Franziskus alle Geschöpfe und Naturelemente als seine Geschwister bezeichnet, durchbricht er die einseitig vertikale Dimension des Menschen zu Gott und fügt dem eine neue horizontale Bewegung hinzu: Wenn alle Elemente und Menschen ihren Ursprung in Gott haben, so sind sie auch alle Brüder und Schwestern untereinander (vgl. 4.1.3). Ja, diese Intimität geht selbst so weit, daß sie den gesamten Kosmos einbezieht. Boff spricht von Franziskus als dem ontologischen Dichter, er besitzt die Fähigkeit, die allen Dingen zutiefst innewohnende transzendente und sakramentale Botschaft zu erspüren (vgl. Boff, 1983, 60 f.).

Um die Einzigartigkeit des Hymnus' noch deutlicher herauszustellen, muß auf die Entstehungssituation hingewiesen werden. Alle Berichte stimmen in der Aussage überein, daß der Sonnengesang gleichsam aus Franziskus herausbrach zu einer Zeit, da er sich mit allen körperlichen und seelischen Kräften am Ende befand. Im Frühjahr 1225, ungefähr 20 Jahre nach seiner Bekehrung und zwei Jahre nach der Stigmatisierung - Franziskus erhielt auf dem Berg La Verna die Wundmale Christi (vgl. 1.2.3) -, litt er in starkem Maße an Depressionen. Sein Orden ging Wege, die der radikalen Armut widersprachen, weshalb Franziskus sich selbst und seine Ideale gescheitert sah. Hinzu kamen folgende körperliche Beschwerden: Malaria, eine fast zur Erblindung führende Augenentzündung, Darm- und Magengeschwüre, Wassersucht, Blutarmut, Milz- und Lebererkrankungen. Franziskus wurde zur Pflege nach San Damiano gebracht, wo er die dunkelste Nacht seines Daseins durchlebte. In dieser Situation, als er sich endgültig gescheitert und den Kräften der Hölle ausgeliefert wähnte, stimmte Franziskus den Sonnengesang an (vgl. Boff, 1983, 67 f.; Rotzetter, 1981, 48). Allein dieser Kontext macht den Hymnus so wertvoll und liefert eine Aussage bezüglich der Fähigkeit des Franziskus, mit Leiden und Grenzsituationen umzugehen (vgl. 4.1. ff.).

Eine letzte Besonderheit, die ich herausstellen möchte, betrifft die Sprache des Sonnengesanges. Als einziges Werk ist es in Italienisch verfaßt und wurde erst später in die lateinische Sprache übersetzt. So durchbrach Franziskus eine Tradition, die in jedem Fall für Gebete Latein vorschrieb als die Sprache der Gebildeten und Kleriker (vgl. Manselli, 1984, 322 f.).

Neben den Schriften, die auf Franziskus selbst zurückgehen, ziehe ich Texte aus erzählenden Quellen heran, um die Spiritualität präziser herauszuarbeiten. Trotz ihrer religiösen Ausschmückungen liefern sie wertvolle Erkenntnisse über Persönlichkeit und Lebensweise des Heiligen. E. Hug und Rotzetter unterscheiden offizielle literarisch anspruchsvolle und private literarisch anspruchslose Quellen (vgl. Hug/Rotzetter, Hrsg., 1987, 16 ff.).

Zu den ersteren zählen die Lebensbeschreibungen des Thomas von Celano, des Julian von Speyer und des Bonaventura. Alle drei Autoren gehören der gebildeten Schicht an und gelten als hervorragende Schriftsteller der damaligen Zeit. In ihren Franziskus-Biographien zeigt sich eine besondere Schreibtechnik, ebenso eine hohe theologische Ausbildung. Die Sätze enthalten einen bestimmten Rhythmus, der das Ende eines Satzes oder Textabschnittes festlegt. Allgemein übliche Denk- und Sprachmuster lassen Vergleiche mit anderen Heiligengestalten zu, z. B. mit Abraham, Mose, Elia, David oder dem hl. Martin. Daneben kehren bestimmte biblische Elemente und Formen der geistlichen Tradition immer wieder, z. B. die Erbsünden-Theologie des Augustinus oder die aszetische Tradition der Wüstenväter. Das große Wissen der offiziellen Autoren führt zu einer Einordnung des Franziskus, wobei dessen Besonderheit und Einmaligkeit verlorengeht (vgl. ebd., 17).

Die privaten literarisch anspruchslosen Quellen gehen zurück auf einen Aufruf des Ordensgenerals *Crescentius von Jesi* im Jahre 1244 an alle Gefährten, ihr noch vorhandenes Wissen über Franziskus schriftlich niederzulegen. Die fertigen Texte fanden nicht die Anerkennung der Ordensleitung und waren zudem von ungebildeten Autoren verfaßt. Dennoch haben sie das offizielle Franziskusbild geprägt, indem einflußreiche Schriftsteller, wie Thomas von Celano, auf das Material zurückgriffen.

Grundsätzlich zeigen die literarisch anspruchslosen Quellen mehr Gemeinsamkeiten mit Franziskus als die offiziellen Texte. Die Ungekünsteltheit und Einfachheit stehen dem ursprünglich franziskanischen Geist näher als theologische Einordnungen und Vergleiche. Ihr Satzstil ist äußerst einfach. Die Texteinheiten sind ohne logische Verbindungen aneinandergereiht, wobei zusätzlich stilistische und grammatikalische Gesetzmäßigkeiten fehlen. Eine Eigenart, die sich auch in den von Franziskus verfaßten Schriften beobachten läßt. Offensichtlich handelt es sich um eine mündliche Erzählform. Verfasser und Entstehungszeit der Texte sind in den meisten Fällen unbekannt.

Zusätzlich lassen sich Textsammlungen mit einer erkennbaren Ordnung von denen ohne ordnende Struktur unterscheiden. Der ersten Gruppe ist die Materialsammlung von Perugia zuzuordnen (= Leg. Per.). Mit der Intention, diese für spätere Biographien zu verwenden, sind in ihr Texte ohne logische Ordnung aneinandergereiht. Demgegenüber liegt in der Dreigefährtenlegende (= 3 Gef.)

eine Textsammlung mit erkennbarer Ordnung vor. Gemäß der deutschen Forschung handelt es sich um ein echtes Werk der drei Gefährten Leo, Rufinus und Angelus. Die Autoren folgen einer biographischen Struktur, wobei sie ausschließlich Geschehnisse aus dem Umkreis von Assisi überliefern (vgl. a.a.O., 19 ff.).

Anschließend beziehe ich mich auf diese angeführten Schriften und Quellen.

1.2.2 Die Frage des Woher und Wohin bei Franziskus

> "Er suchte einen Sinn und Richtung für sein Leben.
> Geld, Ehre und Gewinn vermochten nichts zu geben.
> Vom Kreuze her sprach Christus:
> 'Franziskus, folge mir, vertraue mir, geh meine Spur,
> die Freiheit schenk ich dir'."
> (Chanson von Helmut Schlegel)

Schlegel umreißt mit wenigen prägnanten Worten die Problematik meines Kapitels. Franziskus hat wie viele andere Menschen nach dem Sinn seines Lebens gesucht. Ja, die Thematik hat ihn so radikal beschäftigt wie wohl selten jemanden im Verlauf der Geschichte. Immer wieder ließ er seine bislang gefundene Identität durch Ereignisse in Frage stellen.

Jedoch geben die franziskanischen Quellen darüber wenig Auskunft. In ihnen zeigt sich statt dessen eine tiefe Verehrung des Franziskus, der als Heiliger dargestellt und in zahlreichen Legenden "glorifiziert" wird. Sein sozialer Abstieg, weg vom reichen bürgerlichen Elternhaus hin zur niedrigsten, ärmsten und ausgestoßensten Klasse der Aussätzigen, wird der "wundersamen Stimme des Gekreuzigten von San Damiano" zugeschrieben. Auf diese Weise erhalten seine vielfältigen, wechselhaften Tätigkeiten,

ebenso seine Krisen und Grenzerfahrungen, auf die ich im zweiten Kapitel näher eingehen werde, eine "himmlische Intervention" und werden als von Gott gewollt bzw. als persönlich gewünscht dargestellt und beschrieben (vgl. Holl, 1979, 82).
Eine solche Vorgehensweise lehne ich für meine Arbeit ab. Ich werde Franziskus nicht als Heiligen herausheben, statt dessen seine Verhaltensweisen kritisch hinterfragen und vorläufig selbst seine Religiosität in den Hintergrund stellen.

Anhand ausgewählter Beispiele aus der Biographie läßt sich Franziskus charakterisieren als Fragender und Suchender, der den Sinn seines Lebens finden will:
Zunächst übernimmt der junge Mann aus Assisi ganz und gar die Ideale seines reichen Vaters. Er lernt das Kaufmannsleben kennen und geht in geradezu verschwenderischer Weise mit den in seinem Elternhaus reichlich vorhandenen Geldern um. Gleichzeitig wird er für viele Jahre Anführer der Gemeinschaft von Tänzern und Spielern. Die Dreigefährtenlegende schreibt über diesen Lebensabschnitt:

"Herangewachsen und zum Gebrauch der Vernunft gelangt, übte Franziskus den Beruf seines Vaters, das Kaufmannsgeschäft, aus, jedoch ganz anders als dieser, denn er war heiterer und freigebiger als sein Vater. Er tat sich mit Gleichgesinnten zusammen und durchzog, dem Spiel und Sang ergeben, Tag und Nacht die Stadt Assisi. Dabei war er so freigebig, daß er alles, was er haben und gewinnen konnte, für Gastmähler und andere Dinge gebrauchte ... Doch er war nicht nur in solchen Dingen freigebig, ja sogar ein Verschwender, nein, er überschritt auch bezüglich der Kleidung vielfach das Maß, indem er teurere Gewänder herstellen ließ, als es sich für ihn geziemte ... Im Benehmen und Reden waren ihm höfische Sitten gleichsam angeboren."
(3 Gef., in: Franziskan. Quellenschriften, 1972, 178 ff.)

Das Leben des Franziskus verläuft geradlinig in bestimmten Bahnen bis zu dem Zeitpunkt, wo er beginnt, die Ideale eines Kauf- und Spielmannes in Frage zu stellen. Eine Krankheit, die er aus der Gefangenschaft von Perugia mitbringt, stürzt ihn in eine tiefe seelische Krise, von der er nur langsam gesundet (vgl. Celano, in: Franziskan. Quellenschriften, 1988[4], 80). Jetzt sind es weniger die Festlichkeiten, die Franziskus in den Bann ziehen, als vielmehr die Heldentaten eines Rittermannes. Gemeinsam mit befreundeten jungen Adeligen beabsichtigt er, sich dem Grafen Walter von Brienne in Apulien anzuschließen (vgl. a.a.O., 74). Doch schon nach 40 km - in Spoleto - kehrt Franziskus nach Assisi zurück aufgrund eines Traumes, über den die Dreigefährtenlegende berichtet:

> "Als er eingeschlafen war, hörte er jemand im Halbschlaf, der ihn fragte, wohin er denn ziehen wolle. Daraufhin enthüllte ihm Franziskus sein ganzes Vorhaben. Jener aber entgegnete: 'Wer kann dir Besseres geben, der Herr oder der Knecht?' Als ihm Franziskus erwiderte: 'Der Herr', sprach jener: 'Warum also verlässest du um des Knechtes willen den Herrn und um des Vasallen willen den König?' Darauf Franziskus: 'Was willst du, Herr, daß ich tun soll?' (Apg 9,6). 'Kehre zurück in dein Land' (Gen 32,9), sprach jener, 'und es wird dir gesagt, was du tun sollst ...'"
> (3 Gef., in: Franziskan. Quellenschriften, 1972, 184)

Für Franziskus folgt eine Zeit des Wartens. Er sucht eine neue Rolle, eine neue Aufgabe. Sein bisheriges Leben erscheint ihm leer und sinnlos, was eine Begebenheit mit alten Freunden deutlich macht:

> "Einige Tage nach seiner Rückkehr nach Assisi wählten ihn eines Abends seine Gefährten zum Anführer, damit er nach seinem Gutdünken die Kosten trage. Er ließ also ein üppiges Mahl bereiten, wie er es schon oft getan hatte. Nach dem Mahle gingen sie ins Freie; die Gefährten schritten allesamt vor ihm her, und so zogen sie singend durch die Stadt. Er selbst trug als Anführer in der Hand einen Stab und ging ein wenig hinter ihnen nach, nicht singend, sondern tiefer nachdenkend.

Und siehe, plötzlich wurde er vom Herrn heimgesucht und sein Herz mit solchem Glück erfüllt, daß er nicht sprechen noch sich von der Stelle bewegen konnte, ... Als aber seine Gefährten sich umblickten und sahen, daß er sich so weit von ihnen entfernt hatte, kehrten sie zu ihm zurück und hielten ihn erschrocken fest. Einer fragte ihn: 'An was hast du gedacht, daß du nicht nachgekommen bist? Vielleicht hast du daran gedacht, eine Frau zu nehmen?' Lebhaft antwortete jener: 'Recht habt ihr; denn ich habe daran gedacht, mir eine Braut zu nehmen, die adeliger, reicher und schöner ist, als ihr je eine gesehen habt.' Da verlachten sie ihn" (a.a.O., 185 f.).

Die Echtheit des Ereignisses will ich hier nicht überprüfen. Sicher mutet es legendär und visionhaft an, doch eines machen die Sätze der drei Gefährten deutlich: Mit Franziskus ist ein Umbruch erfolgt. Er ändert allmählich sein Verhalten, meidet das Treiben der Stadt und zieht sich in die Einsamkeit zurück, um zu meditieren und zu beten. Seine Aufgabe, seine Identität, ja den Sinn seines Lebens hat er durch einen Traum in Frage stellen lassen. Er wartet auf die Stimme von Spoleto und hofft, daß sie ihm Richtung und Orientierung zeigen möge (vgl. Rotzetter, 1981, 31).

Eine weitere prägende Erfahrung, die Franziskus in der Zeit des Suchens macht, ist die Begegnung mit einem Aussätzigen. Obwohl er bei dem Anblick der Krankheit Ekel und Abscheu empfindet - Holl spricht von einer starken Phobie gegen Aussatz (vgl. Holl, 1979, 66) -, küßt Franziskus den Aussätzigen und besucht fortan regelmäßig das Leprosenheim (vgl. Gobry, 1982, 22).

Diese Aufgabe gibt seinem Leben vorläufig Sinn und Orientierung bis zu dem Ereignis, das sich in der Kirche San Damiano abspielt, wo Franziskus einen konkreten Auftrag entgegennimmt:

"Er betrat die Kirche und begann innig vor einem Bild des Gekreuzigten zu beten, das ihn liebevoll und gütig auf folgende Weise ansprach: Franziskus, siehst du nicht, daß mein Haus in Verfall gerät? Geh also hin und stelle es mir wieder her!'

Zitternd und staunend sprach Franziskus: 'Gern, Herr, will ich es tun!' Er meinte nämlich, daß sich das Wort auf jene Kirche San Damiano beziehe, die ihres hohen Alters wegen einzufallen drohte."
(3 Gef., in: Franziskan. Quellenschriften, 1972, 194)

Franziskus beginnt Kirchen zu renovieren und bricht nach einer heftigen Auseinandersetzung mit Gesellschaft und Familie. Er verzichtet auf Erbe und Namen und sieht sich fortan als Sohn Gottes (vgl. Celano, in: Franziskan. Quellenschriften, 1988[4], 84 ff., 92 ff.; Rotzetter, 1981, 35).

Doch auch die Restaurierungsarbeiten füllen Franziskus nicht lange aus. Eine weitere Begebenheit trifft ihn existentiell:

"Eines Tages aber hörte er bei der Feier der Messe jene Worte, die Christus im Evangelium zu den Jüngern sprach, als er sie zum Predigen aussandte, daß sie nämlich weder Gold noch Silber, weder eine Tasche noch Brot oder einen Stab auf dem Weg tragen, weder Schuhe noch zwei Röcke haben sollten. Als er dies nach einer eingehenden Belehrung durch den Priester verstand, wurde er von unsagbarer Freude erfüllt und sprach: 'Das ist es, was ich mit allen Kräften zu erfüllen wünsche!' Nachdem er alles, was er gehört, seinem Gedächtnis eingeprägt, mühte er sich, es freudig zu erfüllen. Ohne Zaudern legte er ab, was er doppelt hatte, und benützte deshalb von nun an weder Stab noch Schuhe, weder Beutel noch Tasche. Er machte sich ein sehr unansehnliches und schmuckloses Gewand, warf den Riemen weg und nahm als Gürtel einen Strick."
(3 Gef., in: Franziskan. Quellenschriften, 1972, 210)

Von jetzt an wird das Evangelium, dessen Übersetzung, Konkretisierung und Verwirklichung, zur Richtschnur seines Lebens (vgl. Rotzetter, 1981, 36).

An dieser Stelle möchte ich die Aufzählung der Ereignisse, die in Franziskus die Sinnfrage aufbrechen lassen, beenden - jedoch nicht ohne den Hinweis, daß das Fragen und Suchen weitergeht.

Ja, sein ganzes Leben ist ein einziges Suchen und immer neues Finden. Noch kurz vor dem Tod stellt er sein bisheriges Tun in Frage mit den Worten: "Brüder, laßt uns anfangen, denn bisher haben wir sehr wenig getan" (Franziskus, in: Rotzetter, 1981, 36).

Welche Erkenntnisse bringt eine Aufzählung der Begebenheiten aus dem Leben des Franziskus speziell für meine Thematik? Nun, ich denke, einen Gesichtspunkt im Verlauf des Kapitels deutlich gemacht zu haben: Franziskus hat sich der Problematik des Sinnzusammenhanges gestellt. Er hat nach dem Woher und Wohin seiner Person gefragt und die transzendente Dimension des Menschlichen weder geleugnet noch verdrängt. Im Gegenteil, für diese war Franziskus in besondere Weise sensibel und offen, was allein die Tatsache bezeugt, daß er sich ansprechen ließ von Träumen und Begegnungen. Holl beschreibt Franziskus als einen "ungewöhnlich gefühlsstarken Menschen" (Holl, 1979, 62), d. h., Franziskus ließ einen Umwandlungs- und Selbstfindungsprozeß seiner Person zu, um seinen individuellen Lebenssinn zu finden. Er hielt nicht starr an einer einmal gefundenen Orientierung fest, vielmehr revidierte er seinen Lebensentwurf gemäß den Ereignissen und Situationen, die ihm begegneten.

1.2.3 Elemente der franziskanischen Spiritualität

Im vorausgegangenen Abschnitt habe ich Franziskus dargestellt als jemanden, der auf der Suche nach dem Sinn seines Lebens ist. Im folgenden werde ich ihn als einen Menschen beschreiben, der seinen Lebenssinn gefunden hat, der es verstand, den stets wechselnden Phasen und Ereignissen seines Daseins einen Sinn zuzusprechen und aus diesem Grunde dem nach Orientierung fragenden alten Menschen Leit- und Vorbild werden kann. Ich greife erneut auf die Biographie des Franziskus zurück, um an drei Ereignissen seinen individuellen Sinnbezug exemplarisch aufzuzeigen:

"Die Glut seiner Liebe und das ständige Gedenken an Christi Leiden ... wollte der Herr selbst der ganzen Welt enthüllen und verlieh ihm ... auf wunderbare Weise ein einzigartiges Privileg und einen außerordentlichen Vorzug. Eines Morgens - es war zwei Jahre vor seinem Hinscheiden - betete er um das Fest Kreuzerhöhung am Abhang des Berges, der Alverna heißt. Während ihn dabei seine seraphische sehnsüchtige Liebe zu Gott emportrug und sein bereitwilliges Mitleiden ihn in den umgestaltete, der aus übergroßer Liebe gekreuzigt werden wollte, erschien ihm ein Seraph, dieser hatte sechs Flügel, und zwischen den Flügeln hatte er die Gestalt eines überaus schönen Mannes. Hände und Füße hielt er ausgespannt wie ein Kreuz und trug ganz deutlich die Züge des Herren Jesus. Mit zwei Flügeln verhüllte er sein Haupt, mit zwei den übrigen Körper bis zu den Füßen, zwei aber waren zum Flug ausgespannt. Als die Erscheinung verschwand, blieb in seiner Seele eine wunderbare Glut der Liebe zurück. Noch wunderbarer aber war es, daß die Wundmale unseres Herrn Jesus Christus in seinem Fleisch eingeprägt erschienen."
(3 Gef., in: Franziskan. Quellenschriften, 1972, 272 f.)

Das Ereignis der Stigmatisation ist eine der schwer zu begreifenden Begebenheiten im Leben des Franziskus. Mir liegt es fern, eine Beurteilung oder gar eine geschichtliche Einordnung vorzunehmen. Allein folgenden Gedanken möchte ich herausstellen:

Die Aussage des Textes, Franziskus habe die Wundmale Jesu getragen, bezeugt eine tiefe, liebende Verbundenheit zwischen beiden Personen, ja, die Zeilen schildern eine innige Beziehung, in der ein Partner am Leiden des anderen teilhat. Boff spricht von einem "zärtlichen Mitleiden mit dem Leiden Gottes" (vgl. Boff, 1983, 45).

Betroffen gemacht durch existentielle Erfahrungen und Begegnungen, wurde es tiefstes Anliegen des Franziskus, mit seinem Dasein das Evangelium zu konkretisieren und das Leben Jesu zu vergegenwärtigen, dessen Geschichte nachzuvollziehen. Seine

Liebe zu Gott kam immer dann deutlich zum Ausdruck, wenn er von oder über ihn zu sprechen beabsichtigte. Stets zeigte sich tiefe Ergriffenheit und Leidenschaft in seinen Worten (vgl. Boff, 1983, 45; Pohlmann, 1985, 13; Rotzetter, 1989, 47). Diese liebende Beziehung hat sein Leben so geformt und geprägt, daß ich meine sagen zu können: In ihr hat Franziskus Sinn gefunden, sie gab ihm Richtung und Orientierung.

Ein weiteres Ereignis, das den franziskanischen Sinnzusammenhang verdeutlicht, ist dargestellt in der Szene, wo Franziskus seinem Vater in aller Öffentlichkeit die Kleider zurückgibt. Wegen Verschleuderung des Familiengutes angeklagt, muß sich Franziskus vor dem bischöflichen Palast verantworten und das für den Wiederaufbau der Kirchen verwendete Geld zurückgeben. Er reagiert gemäß den Quellentexten wie folgt:

"Da erhob sich der Mann Gottes voll Freude und, ermutigt durch die Worte des Bischofs, brachte er das Geld zu ihm mit den Worten: 'Herr, nicht nur das Geld, das ich von seiner Habe besitze, will ich ihm frohen Herzens zurückgeben, sondern auch die Kleider.' Und er ging in ein Zimmer des bischöflichen Hauses, zog alle Kleider aus ... und legte vor Bischof und Vater das Geld auf die Kleider. Dann kam er in Gegenwart aller Schaulustigen nackt wieder heraus und sprach: 'Hört alle und versteht! Bis jetzt habe ich den Petrus Bernadone meinen Vater genannt; aber weil ich mir vorgenommen habe, Gott zu dienen, gebe ich jenem das Geld zurück, um dessentwillen er in Unruhe war, und dazu noch sämtliche Kleider, die ich von seiner Habe besaß. In Zukunft will ich sagen: Unser Vater, der du bist im Himmel (Mt 6,9), nicht: Vater Petrus Bernadone.'"
(3 Gef., in: Franziskan. Quellenschriften 1972, 203 f.)

Feste Entschlossenheit und entschiedenes Handeln sprechen aus den Zeilen der drei Gefährten. Franziskus bricht mit Gesellschaft und Familie, weil deren Ideale ihm nichts mehr bedeuten. Statt dessen bereichert ihn seine Arbeit, d. h. vorläufig das Restaurieren von Kapellen und Kirchen. In der Hinwendung zu dieser Sache findet Franziskus einen zweiten Sinnzusammenhang für sein Leben, der selbstverständlich von dem ersteren, der Liebe zu Gott, in keiner Weise getrennt werden darf.

Ein letzter Aspekt betrifft das Sterben des Franziskus. Kein Dokument schildert präziser und anschaulicher seinen vertrauten Umgang mit dem Tod als die letzte Strophe des Sonnengesanges (vgl. 1.2.1). In geradezu liebevoller Weise wird hier die Schöpfung als Bruder und Schwester besungen. Mein Interesse gilt vor allem der Strophe, wo der Tod *"Bruder"* genannt wird:

> "Gepriesen seist du, mein Herr,
> durch unseren Bruder, den leiblichen Tod;
> ihm kann kein Mensch lebend entrinnen.
> Wehe jenen, die in schwerer Sünde sterben.
> Selig jene, die sich in deinem allerheiligsten Willen finden,
> denn der zweite Tod wird ihnen kein Leides tun."
> (Boff, 1983,72)

Diese Zeilen sprechen von einem ausgesöhnten Verhältnis zwischen Franziskus und der sicherlich härtesten Grenzsituation menschlichen Lebens: den Tod als Bestandteil des Daseins zu akzeptieren und ein Ja zur Sterblichkeit sagen zu können, d. h., dem Tod einen Sinnzusammenhang zuzusprechen und all seinen Erscheinungsformen, wie Krankheit, Unwissenheit und Begrenzung, Raum zu gewähren, sie existieren zu lassen (vgl. a.a.O., 213).

Liebe zu einer Person, Hinwendung zu einer Sache und Grenzsituation Tod kennzeichnen drei Bereiche, in denen Franziskus Sinn und Orientierung gefunden hat. Es zeigen sich deutliche

Parallelen zur These Frankl's, nach der die Menschen in drei "Hauptstraßen" den Sinn ihres Lebens finden können:

"Zunächst einmal kann mein Leben dadurch sinnvoll werden, daß ich eine Tat setze, daß ich ein Werk schaffe; aber auch dadurch, daß ich etwas erlebe - etwas oder jemanden erleben und jemanden in seiner ganzen Einmaligkeit und Einzigartigkeit erleben, heißt, ihn lieben. Es geschieht also entweder im Dienst an einer Sache oder aber in der Liebe zu einer Person, daß wir Sinn erfüllen - und damit auch uns selbst verwirklichen" (Frankl, 1979, 47).

An anderer Stelle heißt es: "Im Dienst an einer Sache oder in der Liebe zu einer Person erfüllt der Mensch sich selbst. Je mehr er aufgeht in seiner Aufgabe, je mehr er hingegeben ist an seinen Partner, um so mehr ist er Mensch, um so mehr wird er er selbst. Sich selbst verwirklichen kann er also eigentlich nur in dem Maße, in dem er sich selbst vergißt, in dem er sich selbst übersieht" (Frankl, 1979, 147; vgl. 1.1.2). Zu den Grenzsituationen als Möglichkeit der Sinnfindung habe ich Frankl bereits zitiert (vgl. 1.1.2).

Auf dem Hintergrund dieser Ausführungen läßt sich der Kern franziskanischer Spiritualität bestimmen. Rotzetter definiert sie als "existentielle und subjektive Betroffenheit durch das Christusereignis". Ausgehend vom lateinischen Wort *"spiritus"* = Leben, Atem, Wind, Geist, kann dann von Spiritualität gesprochen werden, wenn der Geist Gottes als "motivierende und lebensverändernde Kraft den Menschen prägt", sich also auf die gesamte Lebenspraxis des einzelnen auswirkt und sowohl seine Handlungen als auch Erwartungen weitestgehend bestimmt (vgl. Rotzetter, 1979, 20 ff.).

Anders gesagt, basierend auf einer Gottesbegegnung oder -erfahrung, drängt Spiritualität gleichsam als sprengende Kraft nach außen, durchbricht eingefahrene Grenzen und Verhaltensmuster und führt zu einem veränderten Umgang mit Menschen und Dingen. Es entwickeln sich neue Lebensdeutungen und -praktiken.

In Beziehung gesetzt zu den Postulaten Frankl's läßt sich nun die Aussage machen: Für Franziskus war Spiritualität gleichsam das Fundament, von dessen Basis aus er sein Leben verwirklichte und den drei Aspekten (Person, Sache und Grenzsituationen) einen Sinnzusammenhang zusprach. Insofern gehören die Ausführungen von Rotzetter und Frankl eng zusammen, ja, ihre Inhalte entsprechen einander:

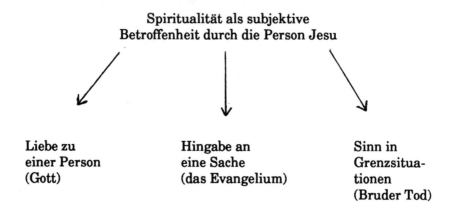

Indem Franziskus seine Spiritualität bejahte und lebte, anerkannte er seine Geschöpflichkeit und damit die Tatsache, daß er erschaffen war. Aus dieser Erkenntnis sprach er allen Ereignissen und Situationen seines Lebens einen übergeordneten Sinnzusammenhang zu und wurde so seiner anthropologischen Bestimmtheit gerecht. Er wurde identisch mit sich selbst, d. h. deckungsgleich mit dem Bild, das in ihm angelegt war.

Speziell dem alternden Menschen kann er als Vorbild dienen, weil er selbst die Grenzsituationen seines Daseins einzuordnen wußte und in sein Weltbild zu integrieren verstand. In den Kapiteln 3.3 und 4.1 ff. werde ich das Gesagte noch einmal aufgreifen und vom theologischen Standpunkt her interpretieren und belegen.

2. Der alte Mensch und Franziskus - Eine phänomenologische Darstellung ihrer Krisen- und Verlusterfahrungen

In diesem Kapitel geht es mir darum, konkrete Grenzsituationen im Leben des alten Menschen aufzuzeigen, in denen er verstärkt nach Sinnbezügen fragt. Anhand der These I. Woll-Schumachers, im Alter schlage die Sozialisation um in eine von der Gesellschaft gewünschte Desozialisation (vgl. Woll-Schumacher, 1980, Vorwort), mache ich auf Erlebnisse und Prozesse aufmerksam, die vordergründig ausschließlich negative Konsequenzen mit sich bringen. Die Biographie einer 83jährigen Frau will diese theoretischen Aussagen präzisieren und veranschaulichen.

In einem zweiten Schritt übertrage ich das Desozialisationskonzept auf Franziskus und stelle vergleichend zur Situation des alten Menschen seine persönlichen Grenzerfahrungen heraus. Ich verweise zurück auf 1.2.2: Nicht als außergewöhnlich religiösen Menschen werde ich Franziskus beschreiben, dem Leiden und Martyrien als "Prüfsteine" auferlegt wurden - eine solche Interpretation liegt mir fern. Mein Interesse gilt den Krisen- und Konflikterfahrungen im Leben des Franziskus, wie sie sich ursprünglich darstellten, bevor eine Verehrung seiner Person und somit eine religiöse "Überfärbung" einsetzte. Ich meine, an seiner Biographie zahlreiche desozialisierende Prozesse beobachten zu können, die unter Umständen als Folge einer tiefen Religiosität auftraten, jedoch in keiner Weise von Franziskus gewünscht oder gesucht wurden. Vielmehr lassen sie sich mit den Grenz- und Konfliktsituationen alternder Menschen vergleichen.

2.1 Desozialisation im Alter

2.1.1 Modell nach I. Woll-Schumacher

Im folgenden beziehe ich mich auf I. Woll-Schumacher und ihr Werk "Desozialisation im Alter", Stuttgart 1980. Ausgehend von der Beobachtung, daß der alte Mensch bestimmte Aktivitäten und gesellschaftliche Funktionen aufgibt, widerlegt die Autorin die These eines lebenslangen Sozialisationsprozesses. "Eingehende Untersuchungen der Verhältnisse im Senium legen nämlich den Schluß nahe, daß bedeutsame Sozialisationsanstrengungen im Alter sowohl bei der Gesellschaft als auch beim Individuum fehlen. Zumindest widersprechen die Verhältnisse im Alter der Existenz eines Sozialisationsprozesses im üblichen Begriffsverständnis. Der alte Mensch unserer Gesellschaft wird in keine neuen Gruppen integriert, übernimmt keine neuen positiven Rollen, muß keine neuen Fähigkeiten und Fertigkeiten entfalten. In der letzten Phase des Lebenszyklusses dürfte Sozialisation deshalb weitgehend fehlen" (a.a.O., Vorwort).

Diese Worte implizieren bereits ein spezifisches Verständnis von Sozialisation, auf das ich an dieser Stelle kurz eingehen möchte, weil ich es für den weiteren Gedankengang I. Woll-Schumachers für wesentlich halte.

Sozialisation meint einen Vorgang, der die Vergesellschaftung bzw. Eingliederung eines Menschen zum Ziel hat, "in deren Verlauf die Individuen zu funktionierenden Mitgliedern einer Gesellschaft oder Kultur sowie ihrer Untergruppen und Subkulturen werden. Im engeren Sinne beschreibt Sozialisation, wie die Individuen Wissen, Sprache, Techniken, aber auch Einstellungen und Motive erwerben, die sie befähigen, in Übereinstimmung mit den

Erwartungen anderer und damit effektiv und kompetent am gesellschaftlichen Leben teilzunehmen" (a.a.O., 4).

Gemeint ist also eine vom Individuum zu erbringende Anpassungsleistung, ein Erlernen und Verinnerlichen von Normen und Rollen, Symbolen und Überzeugungen, die den einzelnen in die jeweilige Gesellschaft und Kultur integrieren. Ja, die Gesellschaft selbst hat ein Interesse am Gelingen der Sozialisation, weil sie nur dann überlebensfähig bleibt, wenn die von ihr zugewiesenen Rollen und Positionen vom einzelnen akzeptiert und internalisiert werden.

Ich möchte auf die Sozialisation von Kindern, Jugendlichen und Erwachsenen nicht näher eingehen. Mein Interesse gilt der Alterssozialisation. Müssen auch in der letzten Lebensphase neue Rollen erlernt und Anpassungsleistungen erbracht werden?

Auf den ersten Blick wird wohl kaum jemand die Frage verneinen. Als Ereignisse, die in jedem Fall eine Anpassung erfordern, lassen sich aufzählen: Verwitwung, Ruhestand, Auszug der Kinder, anfällige Gesundheit, Tod von Verwandten und Freunden. Zweifellos müssen diese Vorgänge verarbeitet und somit neue bzw. veränderte Rollen erlernt werden. Doch auf einen gravierenden Unterschied zur Kindheits-, Jugend- und Erwachsenensozialisation weist I. Woll-Schumacher hin: Die von der Gesellschaft an den alten Menschen herangetragenen Aufgaben und Anforderungen sind auf die Ablösung und den Verlust von Rollen gerichtet, sie "tragen eher ein negatives als ein positives Vorzeichen, haben Abbau, nicht Aufbau zum Ziel" (a.a.O., 20).

Desintegrative Elemente aber werden vom Sozialisationsbegriff nicht erfaßt. Er beschreibt lediglich aufbauende Prozesse, die der Eingliederung in neue Positionen und der Übernahme neuer Rollen zuzuordnen sind. Darum ist es nach I. Woll-Schumacher unzulässig, den Sozialisationsbegriff auf das Alter auszudehnen. Sie definiert das Phänomen der sozialen Ausgliederung alter Menschen als Desozialisation und beschreibt es als einen Anpassungsprozeß, der den einzelnen zur Aufgabe bisheriger Aktivitäten und Funktionen veranlaßt (vgl. a.a.O., 74). Der Prozeß der Ablösung von Positionen und Rollen, Werten und Beziehungen wird von der Gesellschaft geregelt, indem sie einen Wechsel der Positionen als "richtig" anerkennt, ein Retardieren oder Rückkehren in bestimmte Rollen mit Mißbilligung sanktioniert. So fordert sie z. B. vom Erwachsenen, daß er einen Beruf ausübt, der ältere Mensch dagegen wird in den Ruhestand versetzt. Kurzum, die Gesellschaft verlangt von jüngeren Mitgliedern die Aneignung zahlreicher Kenntnisse und Fertigkeiten, Motive und Einstellungen, gleichsam die Besetzung positiver Rollen, während sie den alten Menschen weg von verantwortungsvollen Aufgaben, hinein in negative Rollen drängt (vgl. a.a.O., 73).

Als Ursachen, die den Desozialisationsprozeß auslösen können, lassen sich unterscheiden:

a) schicksalhafte Ereignisse (körperliche oder geistige Behinderungen, Krankheit, Tod von Nahestehenden)
b) unfreiwillige Beendigung von Beziehungen, wo der einzelne von jemandem verlassen oder verstoßen wird (Scheidung, Kündigung, Exkommunikation)
c) Freiwillige Beendigung von Beziehungen, wo sich der einzelne selbst willentlich von jemandem trennt (Scheidung, Arbeitsplatz-, Wohnungswechsel)

d) institutionalisierter Ausschluß aus einer Altersstufe (Schulabschluß, Pensionierung) (vgl. a.a.O., 69).

Aufgrund solcher Ereignisse können sich schwere Belastungen für den einzelnen ergeben. An den Rand der Gesellschaft gedrängt, stellt der alte Mensch sein Ich, seine gesamte Persönlichkeit, sein Identitätsbewußtsein in Frage, das maßgeblich von stabilen sozialen Beziehungen abhängig ist (vgl. a.a.O., 68).

Diese theoretischen Aussagen werde ich im folgenden anhand einer Biographie illustrieren, um die zu bewältigenden Krisen und Konflikte klarer herauszustellen. Bei meinen Ausführungen stütze ich mich auf das Werk von L. Pincus, "Das hohe Alter", herausgegeben von Schultz in der Reihe: Stufen des Lebens, Stuttgart 1983[2].

2.1.2 Aus der Biographie einer 83jährigen Frau

L. Pincus berichtet im ersten Kapitel über ihre persönlichen Erfahrungen aus 83 Jahren und schildert auf anschauliche Weise ihren Lebenslauf. Da ich mich im Rahmen meiner Thematik ausschließlich auf Ereignisse und Aussagen beschränke, die sich eindeutig auf das Alter beziehen, stellt sich das Problem, zu welchem Zeitpunkt ich das Alter ansetzen soll. Selbst die gerontologische Wissenschaft ist sich nicht einig, wenn es darum geht, eine allgemein verbindliche Altersgrenze festzulegen. Sie unterscheidet zwischen kalendarischem, biologischem, physisch-intellektuellem, sozialem und administrativem Alter und betont, daß diese Altersstufen weder nach Gesetzmäßigkeiten ablaufen noch Parallelen zum kalendarischen Alter zeigen (vgl. Reimann, 1983[2], 3). Statt dessen fordert die Gerontologie eine Berücksichtigung der inter- und intraindividuellen Variabilität der Alternsprozesse: "Eine generelle und universelle Gesetzmäßigkeit psychischer Alternsvorgänge ist in Frage zu stellen. Individuellen 'Patterns of Aging', individuellen spezifischen Verlaufsformen des Alterns ist weit mehr Beachtung zu schenken, als es bisher geschehen ist" (Lehr, 1984[5], 328).

Demzufolge wäre es unkorrekt, wollte ich meine Ausführungen über L. Pincus etwa ab deren 65. Lebensjahr ansetzen. Statt dessen beginne ich mit einem Ereignis, das nach I. Woll-Schumacher desozialisierenden Charakter hat, also Rollen- und Funktionsverluste mit sich bringt, die nicht mehr kompensiert werden können (vgl. 2.1.1). Gleichzeitig schließe ich mich der Definition I. Woll-Schumachers an: "Als alt wird ein Mensch bezeichnet, dessen Desozialisation die Sozialisation dominiert" (Woll-Schumacher, 1980, 84).

L. Pincus geht in ihrer Schrift der Frage nach, warum manche alte Leute ein glückliches, aktives und hohes Alter erleben, während andere gleichsam dahinvegetieren. Sich selbst zählt sie mit 83 Jahren zur Gruppe der Alten und gibt ihre Erfahrungen in Form einer persönlichen Lebensgeschichte wieder.
Vier Ereignisse mit repräsentativem Charakter greife ich aus der Biographie heraus, wobei ich bewußt sowohl die empirische Forschung als auch die Frage nach Bewältigungsmöglichkeiten desozialisierender Prozesse in den Hintergrund stelle. Beide Themengebiete werde ich im dritten Kapitel besprechen. Vorläufig geht es allein um ein Beschreiben und Erfassen ausgewählter Verlusterfahrungen am Beispiel der Berichterstattung einer alten Frau. Darum lasse ich an dieser Stelle L. Pincus selbst zu Wort kommen:

"Fritz (Ehemann von L. Pincus) litt so sehr unter diesen beunruhigenden Entwicklungen (gemeint sind die Folgen des Zweiten Weltkrieges, insbesondere der Tod von jüdischen Freunden), daß er anfing, Krankheitssymptome zu zeigen. In der Nacht der Friedensfeier wurde er plötzlich ohnmächtig und mußte ins Krankenhaus gebracht werden. Bald darauf stellte sich heraus, daß er ernstlich krank war, aber erst 1952, bei der ersten von vielen Operationen, wurde Krebs diagnostiziert. Wir teilten das Wissen um seine tödliche Krankheit vom ersten Moment an, und Fritz lebte weitere 11 Jahre voller Interesse am Leben und an der Welt, voller Liebe und Zärtlichkeit, und behielt bis zuletzt seinen Humor. Er starb zu Hause im Mai 1963 und war bis zum allerletzten Moment bei Bewußtsein. Es war ein triumphierender Tod.

Während der langen Jahre von Fritzens Krankheit war es natürlich schwer, die Fürsorge für ihn mit meiner Arbeit zu vereinbaren (L. Pincus hatte eine Stelle als Sozialarbeiterin inne). Diese stellte zunehmende Ansprüche an mich, aber bot mir auch wachsende Befriedigung. Fritz teilte meine Erfahrungen mit größtem Interesse, aber besonders in den letzten Jahren war es ihm sehr wichtig, daß seine Krankheit meine Karriere nicht zu sehr beeinträchtigte, da er ganz richtig voraussah, daß die Arbeit meine größte Hilfe sein würde, wenn er mich verlassen mußte. Nach seinem Tod arbeitete ich besonders hart: zum Teil, weil das ein Bedürfnis für mich war, zum Teil aber auch, um sein Interesse zu rechtfertigen, das ihn ja oft meiner Gesellschaft beraubt hatte. Ich fühlte, ich mußte ihm beweisen, daß sein Opfer sich gelohnt hatte. Und indem ich dies tat, wurde die Genugtuung aus meiner Arbeit noch größer. Ich setzte sie fort, bis ich 75 Jahre alt war. Dann hatte ich das Gefühl, es sei Zeit, aufzuhören. Obwohl ich bereits eine kleine psychotherapeutische Praxis eingerichtet hatte, fand ich den Entschluß, meine Arbeitsgemeinschaft und meine Kollegen zu verlassen, doch sehr schwer."
(Pincus, 1983^2, 26 f.)

Zwei desozialisierende Einschnitte werden in den Ausführungen deutlich:

a) Tod des Ehepartners/Verwitwung

L. Pincus zählt zu den 54% der über 64jährigen Frauen, die ihren Partner verloren haben. Statistiken zeigen, daß in der Mehrzahl der Fälle die Frau allein zurückbleibt. Im Vergleich zu den Männern verfügt sie über eine höhere Lebenserwartung, ein niedrigeres Heiratsalter und eine seltenere Wiederverheiratungsbereitschaft (vgl. Schneider, in: Hdb. der Gerontologie, 1984, 530).

Verstärkt bei älteren Menschen kann der Tod des Partners zu einer starken seelischen Krise führen, die es zu bewältigen und zu verarbeiten gilt. So belegen Untersuchungen von Parkes, daß die Todesrate in den ersten sechs Monaten nach der Verwitwung deutlich höher liegt als bei den Kontrollgruppen mit lebenden Ehepartnern (vgl. Parkes, in: a.a.O., 530). Aufgewachsen in einer Gesellschaft, die Sterben und Tod mit allen Begleiterscheinungen verschweigt und verdrängt, fehlen Leitbilder und Erfahrungen, mit dieser existentiell belastenden Situation umzugehen (vgl. Tausch, 1985, 203; Becker/Eid, 1984, 117). Es kommt zu Trauerreaktionen wie Schock, Zukunftsangst oder Depressionen, die sich äußern in Schlaf- und Appetitlosigkeit, Selbstvorwürfen und Angst. 83% der Betroffenen nehmen Zuflucht zu Tabletten (vgl. Parkes, in: Hdb. der Gerontologie, 1984, 531).

Generell hängt die hohe Belastung mit der veränderten Lebenssituation zusammen. Einerseits muß die emotionale Bindung an den Partner gelockert werden, andererseits ist diese Aufgabe kaum zu schaffen, weil Verwitwete in der Mehrzahl der Fälle gemieden und von Geselligkeiten ausgeschlossen werden. Verwandte und Freunde wollen mit dem Todesthema nicht konfrontiert werden und schränken ihre Kontakte ein. Freundschaften zu Arbeitskollegen und Familienangehörigen des Toten lockern sich, weil der Verstorbene über bestimmte Funktionen verfügte, die die Kontakte nach draußen erleichterten. Die Öffentlichkeit erwartet das Einhalten bestimmter Trauerriten, d. h. zunächst einen Verzicht auf große Geselligkeiten, Hinwendung zu religiösen Interessen und deutliche Zurückhaltung im Kontakt mit Personen des anderen Geschlechtes (vgl. Schneider, in: a.a.O., 530 ff.). So bleibt eine hohe emotionale Einsamkeit bei Verwitweten bestehen, basierend auf einer Umstrukturierung sozialer Beziehungen.

Zusätzlich führt der Tod des Partners, insbesondere bei Frauen, zu einer verschlechterten wirtschaftlichen Position, die zur Umsiedlung in eine kleinere Wohnung oder in ein Altenheim zwingt (vgl. Reimann, 1983^2, 105). In jedem Fall wird vom alten Menschen eine Anpassung und eine Bewältigung der veränderten Lebenssituation gefordert, die der einzelne in unterschiedlicher Weise meistert (vgl. 3.2).

b) Berufsaufgabe/Pensionierung

Der Alternsprozeß von L. Pincus wird begleitet von einem weiteren konfliktträchtigen Ereignis. Mit 75 Jahren gibt sie ihre Stelle als Sozialarbeiterin auf und verliert somit wichtige Rollen und Funktionen, die bisher ihr Leben bereicherten. Die gerontologische Forschung kennzeichnet den beginnenden Ruhestand als "typische Grundsituation des älteren Menschen" und definiert den Einschnitt als "eigentlichen Beginn des Alters" (vgl. Lehr, 1984^5, 196).

In den meisten Fällen wird der Zeitpunkt mit Ablauf des 65. Lebensjahres erreicht und geht für die Betroffenen einher mit einem schwerwiegenden Funktionsverlust. U. Lehr beschreibt die tiefgreifenden Veränderungen der einsetzenden Pensionierung mit folgenden Worten: "Das Ausscheiden aus dem Berufsleben bedeutet aber mehr als die Aufgabe einer mehr oder minder geschätzten Tätigkeit. Es bedeutet u. a. die Übernahme einer anderen Rolle mit anderen Verhaltenserwartungen, eine Umstrukturierung des bisher durch die Berufstätigkeit rhythmisierten Tagesablaufes, eine Umstrukturierung des sozialen Feldes, einschließlich einer Umstrukturierung der familiären Kontakte; es bedeutet finanzielle Veränderungen und eine Verlagerung des persönlichen Engagements und Interesses von einer Welt der Arbeit auf eine Welt der freien Zeit" (Lehr, 1984[5], 198).

Hinzu kommt eine Problematik, auf die Rosenstiel aufmerksam macht: Die Stellung des Menschen in der heutigen Industriegesellschaft ist wesentlich durch seinen Beruf bestimmt. Empirische Ergebnisse zeigen, daß das Ansehen eines Individuums mit dem ausgeübten Beruf korreliert, sowohl auf dem Arbeitsplatz selbst als auch in Nachbarschafts- und Freundeskreisen. Ebenso prägend wirkt sich die berufliche Tätigkeit auf den Inhaber aus. Dessen Freizeitaktivitäten sind determiniert durch den Beruf und zeigen kompensierenden oder ausgleichenden Charakter. Sie beeinflussen Bildungsgrad und Wertsystem des einzelnen. In jedem Fall korreliert die Zufriedenheit in der Berufsrolle eindeutig mit der allgemeinen Lebenszufriedenheit (vgl. Rosenstiel, in: Reimann, 1983[2], 164). Folglich ist das Aufgeben des Berufes für den Betroffenen von hoher erlebnismäßiger Bedeutung und stellt jeden einzelnen vor eine äußerst schwierige und fordernde Aufgabe, die es zu bewältigen gilt.

Weitere kritische Momente, welche die letzte Lebensphase kennzeichnen, entnehme ich folgendem Erlebnisbericht:

"Abgesehen von diesem Kampf gegen allzu häufiges Einschlafen, nehme ich meine verschiedenen Altersschwächen nicht allzu ernst, etwa Dinge zu verlieren oder zu verlegen, sie fallen zu lassen, etwas zu verschütten oder vieles zu vergessen. Ich halte es mit Prof. R. Doll, der ... meint: 'Menschen über 65 sollten bereit sein, den Tod zu akzeptieren, aber sie sollten dabei ganz und gar lebendig sein und Freude am Leben haben, anstatt zu versuchen, etwas länger zu leben. Die Alten haben die

Pflicht, gefährlich zu leben, anstatt von der Gesundheitsfürsorge zu erwarten, daß sie einen Haufen Geld dafür ausgibt, sie noch etwas länger am Leben zu erhalten.'

... Ich selber hatte nur eine sehr vage Vorstellung, was eine Altersleukämie eigentlich bedeutet. So langsam erfuhr ich, daß es ein Sammelbegriff ist für eine Krankheitsgruppe mit verschiedensten Ursachen und unterschiedlichen Symptomen, die aber alle schließlich zum Tode führen, möglicherweise in kurzer Zeit, aber in meinem Lebensalter auch von einiger Dauer sein können ...

Wie kann einem alten Menschen am Ende seines Lebens geholfen werden, auf seinen Tod in positiver und annehmender Weise zuzugehen, wenn man ihn ständig im dunkeln hält? Sicherlich, auch Ärzte unterliegen den gleichen Ängsten über ihren eigenen Tod, so wie jeder andere Mensch, vielleicht wegen der besonderen Beschaffenheit ihres Berufes noch um so mehr. Dies mag es ihnen erschweren, die zum Selbstschutz aufgebaute Mauer des Schweigens zu durchbrechen, und sie mögen angesichts des unvermeidlichen Todes eines Patienten oft von dem überwältigenden Gefühl des Scheiterns geplagt sein, da sie nicht in der Lage sind, diesen Tod zu verhindern ..." (Pincus, 1983^2, 29, 157, 159, 168)

Als Erklärung möchte ich hinzufügen, daß Frau Pincus selbst an der Altersleukämie litt und sich gegen jede weitere Behandlung (z. B. Knochenmarksuntersuchungen) aussprach, um ihr jetzt "noch viel wertvoller gewordenes Leben" nicht in Krankenhäusern verbringen zu müssen (vgl. a.a.O., 160). Bewußt und geradezu gespannt lebte sie dem Tod entgegen.

Mir geht es vorläufig nicht darum, aufzuzeigen, wie L. Pincus ihre zum Tode führende Krankheit verarbeitet hat. Statt dessen möchte ich anhand ihres Erlebnisberichtes zwei weitere Krisen- und Grenzerfahrungen im Leben alternder Menschen herausstellen:

c) Beeinträchtigung der Gesundheit

L. Pincus nennt verschiedene Altersschwächen, die sich in ihrem Tagesablauf nach und nach bemerkbar machen. Auch wenn Alter nicht in jedem Fall mit Krankheit gleichgesetzt werden darf, so läßt sich dennoch eine Beeinträchtigung der körperlichen Leistungsfähigkeit, der Widerstandskraft sowie des äußeren Erscheinungsbildes beobachten, die nicht geleugnet werden kann (vgl. Lehr, 1984[5], 272). Der alte Mensch ist gleichsam aufgefordert, den nachlassenden Gesundheitszustand zu akzeptieren, sich mit den primären Alterskrankheiten wie Diabetes, Arteriosklerose, Prostataadenom, Appendizitis, orthopädische und psychiatrische Erkrankungen auseinanderzusetzen, sich über Möglichkeiten der Geroprophylaxe zu informieren, um ggf. bestimmte Risikofaktoren durch altersgerechte Ernährung, körperliche Aktivitäten oder Vorsorgeuntersuchungen auszuschalten (vgl. Lang, in: Reimann, 1982[2], 209, 213 ff.).

Ein Zitat von Kanowski erläutert das Gesagte: "Der Alternsprozeß rückt den Menschen infolge zunehmender Risikofaktoren und sublimitärer, d. h. prämanifester pathologischer Prozesse (Polypathologie) und als Folge eines Verlustes an Anpassungsfähigkeit auf exogene und endogene Reize näher und häufiger in den Zwischenbereich der gesund - krank Polarität. Die Multimorbidität resultiert hieraus als Zunahme manifester Krankheitshäufigkeit somatischer und psychischer Natur" (Kanowski, in: Hdb. der Gerontologie, 1984, 189).

Kanowski beschreibt Gesundheit und Krankheit als zwei Größen mit wechselseitigen Überschneidungszonen, deren Grenzbereich nur schwer zu bestimmen ist. Während in jüngeren Lebensaltern bestimmte Regelkreise das Gleichgewicht wiederherstellen können, setzt der Alterungsprozeß die Funktion der Regelkreise herab und läßt auf diese Weise Risiken entstehen, die die Erwartungswahrscheinlichkeit bestimmter Krankheiten erhöhen (vgl. a.a.O., 184).

Darum fordert Peck eine Umstellung der Werteskala, nach der die heutige Gesellschaft körperliche Kräfte weit höher einschätzt als geistig-seelische Fähigkeiten. In seinen Untersuchungen zeigt er auf, daß alte Menschen, deren Gedanken ausschließlich um das körperliche Wohlbefinden zentriert sind, geradezu eine Begrenzung des Lebensraumes erfahren. Demgegenüber wenden sich jene Personen, die gleichsam zu einer "Transzendenz des Körperlichen" vorgedrungen sind, weit eher anderen Lebensbereichen zu und finden Zufriedenheit in Dingen mehr geistiger Art (vgl. Peck in: Lehr, 1984^5, 272 f.).

Demzufolge muß die persönliche Selbsteinschätzung eines Menschen auf seelisch-geistigen Fähigkeiten basieren, wenn er zufrieden altern will. Diesen Schritt gilt es zu erlernen. Eine Auseinandersetzung mit der veränderten, als Belastung erlebten Situation wird von jedem einzelnen gefordert.

Ich entnehme den Zeilen von L. Pincus eine vierte Problemsituation:

d) Auseinandersetzung mit der Endlichkeit des Daseins

In ihren letzten Zeilen bemängelt die Autorin das Verhalten der Ärzte. Sie seien nicht bereit, über die Problematik des Sterbens zu sprechen, weil sie dem Tod ähnlich angstvoll gegenüberstehen wie Angehörige der übrigen Berufsgruppen. Sie teilen gleichsam

die Todesangst mit allen anderen Menschen (vgl. Pincus, 1983², 168). L. Pincus ist offensichtlich selbst von der Todesangst betroffen.
Welche Wesensmerkmale und Symptome bestimmen die Angst vor dem Tod? Wittkowsky nennt zwei Aspekte. Er differenziert zwischen der Angst vor dem eigenen Tod und der Angst vor dem Tod anderer (vgl. Wittkowsky, 1978, 64 f.). Die Sorge um das Sterben anderer beinhaltet Angst vor dem Verlust persönlicher Bindungen und Beziehungen, vor dem Wegfall der Ziele und Lebensinhalte in Zusammenhang mit dem Verstorbenen, vor dem Fehlen der Anregungen und Bereicherungen seitens des geliebten Toten. Demgegenüber impliziert die Angst vor dem eigenen Tod, Angst vor Auslöschung und Vernichtung der Identität, vor der Auflösung aller innerweltlichen Beziehungen und Aktivitäten. Sie schließt die Furcht vor dem Nachher ein, vor dem Unbekannten und Neuen. In manchen Fällen wird eine Zurückweisung oder Bestrafung seitens Gottes befürchtet. Religiosität wirkt nicht bei allen Menschen angstreduzierend. Vielmehr bestimmen die Persönlichkeitsmerkmale eines jeden Individuums, ob der einzelne zu positiv akzentuierter Religiosität mit geringer Angst vor dem Tod neigt oder eher zu negativ besetzter Religiosität mit gesteigerter Todesfurcht tendiert.
Die Ausführungen Wittkowsky's möchte ich mit den Worten von Bätz ergänzen, der auf einen interessanten Sachverhalt hinweist: "In der Erwartung des Todes dürfte vor allem eine Rolle spielen, wie weit es gelungen ist, mit den Verstrickungen der Vergangenheit zurechtzukommen. Menschen, die mit seelischen Konflikten aus ihrer eigenen Geschichte schwer belastet sind und den Weg zu einer Bewältigung nicht haben finden können, werden durch die Erwartung des Todes wohl eher erschreckt als solche, die

mit sich und anderen versöhnt das Ende erwarten können" (Bätz, 1976, 25).

Auch wenn diese These noch nicht wissenschaftlich abgesichert ist, so schreibe ich ihr nichtsdestoweniger eine große Bedeutung zu. Angesichts der abnehmenden Chancen und Möglichkeiten im Alter stellt sich die Frage nach dem Unvollendeten, nach den durch persönliche Schuld nicht erreichten Zielen, die der Todesangst ein besonderes Gewicht verleihen.

Ich sehe hier Parallelen zum Identitätsmodell von Erikson (vgl. 1.1.1). Während der integre Mensch fähig ist, das bisher gelebte Leben voll zu akzeptieren, kann der Verzweifelte sich nicht mit der Vergangenheit abfinden und bleibt ständig bemüht, ein anderes, neues Leben zu beginnen. Doch wie kann der einzelne dieser tragischen Verstrickung entgehen? Wo gibt es Hilfen, um Todesangst und persönliche Schuld zu bewältigen? Das dritte Kapitel versucht hierauf eine Antwort zu geben.

Vorläufig breche ich die Aufzählung der Verlusterfahrungen im Alter ab mit dem Hinweis, daß die angeführten Aspekte keineswegs Vollständigkeit beanspruchen. Mir war lediglich wichtig, die theoretischen Aussagen von I. Woll-Schumacher mit präzisen Beispielen zu erläutern. In einem nächsten Schritt wende ich mich den Grenzsituationen im Lebenslauf des Franz von Assisi zu, um die Parallelität zwischen seiner Biographie und der eines alten Menschen aufzuzeigen und ihn gleichsam mit Personen höheren Lebensalters auf eine Ebene zu stellen.

2.2 Grenzerfahrungen im Leben des Franz von Assisi

In 2.1 habe ich Desozialisation als einen Prozeß beschrieben, der speziell dem Alter zuzuordnen ist. Die letzte Lebensphase macht die Funktions- und Rollenverluste ganz offensichtlich. Wenn diese These allgemeine Gültigkeit beansprucht, erledigt sich dann die Thematik des Kapitels nicht von selbst? Erscheint es nicht geradezu anmaßend, von Desozialisation zu sprechen, wo es sich um das Leben eines ca. 45jährigen Mannes handelt, der heute ohne weiteres dem mittleren Erwachsenenalter zugeordnet würde? Franziskus lebte von 1182 bis 1226 (vgl. Gobry, 1982, 160 ff.). Er selbst ist also nicht alt geworden. Dennoch vertrete ich die Ansicht, daß im Verlauf seines Lebens desozialisierende Prozesse beobachtet werden können, die vergleichbar mit der Situation alternder Menschen zur gesellschaftlichen Ausgliederung führen. Diese Thematik soll im folgenden näher angesprochen werden.

2.2.1 Übertragung des Desozialisationsmodelles

In der letzten Lebensphase läßt sich zweifellos ein Sozialisationsvakuum beobachten, das nur in den seltensten Fällen mit der Übernahme neuer Rollen kompensiert werden kann. Keineswegs handelt es sich um einen grundlegend neuen Prozeß, der spontan mit Erreichen eines bestimmten Lebensabschnittes einsetzen würde. Vielmehr findet soziale Ausgliederung, hier verstanden als Verlieren und Aufgeben von Normen und Rollenerwartungen, während des gesamten Lebenszyklusses statt und ist bereits beobachtbar in der Phase von Kindheit und Jugend. Uneingeschränkte Akkumulation sozialer Positionen und Rollen ist gänzlich unmöglich. Der einzelne muß bestimmte Inhalte verlernen und aufgeben, sofern er im Lebenszyklus voranschreiten will. Desozialisation ist folglich ein lebenslanger Prozeß, durch den das Individuum zu jeder Zeit aus Systemen und Gruppen ausgegliedert wird. Während das Kind seine spielerischen Aktivitäten mit dem Schuleintritt zurückstellen muß, ist der Jugendliche gezwungen, seine uneingeschränkten Freiheiten aufzugeben und die Rolle des Lehrlings einzunehmen. Vom Erwachsenen wird gefordert, Verantwortung zu übernehmen für Ehepartner, Kinder und Gemeinde. Er muß weitere Freiheiten und Aktivitäten zurücklassen.

So gilt generell, daß Sozialisation und Desozialisation im Lebenszyklus eines jeden Menschen gleichzeitig stattfinden und kontinuierlich erfolgen. Nichtsdestoweniger dominiert im früheren Lebensalter Sozialisation, die Übernahme und Abgabe von Positionen und Rollen; in späteren Jahren dagegen überwiegt Desozialisation, d. h., die abgegebenen Funktionen und Aufgaben lassen sich nicht länger durch neue kompensieren (vgl. Woll-Schumacher, 1980, 65 f., 74).

Ich wende mich nun den desozialisierenden Prozessen im Leben des Franziskus zu, wobei ich nicht den gesamten Lebenszyklus berücksichtigen werde. Um die Parallelität zwischen Franziskus und dem alten Menschen aufzuzeigen, gilt mein Interesse schwerpunktmäßig den Rollenverlusten, die nicht durch neue ersetzt werden konnten.

2.2.2 *Ausgewählte Belastungssituationen*

Holl beschreibt Franziskus als einen gebrochenen Menschen, der am Ende des Lebens seine Ideale unerfüllt und gescheitert sah.

Anhand eines Abschnittes aus dem Testament des Jahres 1226, wo Franziskus seinen Brüdern in monotoner Sprache Anweisungen gibt, schildert Holl, wie sehr Franziskus unter der Tatsache gelitten hat, daß seine Vorstellungen bezüglich des Ordens und der Regel sich nicht in die Tat umsetzen ließen. Franziskus stand den Entwicklungen der Zeit hilflos gegenüber, und vieles, was sich innerhalb seiner Gemeinschaft ereignete, geschah ohne sein Wissen und gegen seinen Wunsch (vgl. Holl, 1979, 229 ff.).

Zum Beispiel veränderten einflußreiche Brüder die Regel, so daß die ursprüngliche, radikale Armut und die Besitzlosigkeit in Berufung auf das Evangelium nicht mehr gewahrt blieben. Die materiellen Lebensbedingungen des Ordens waren fortan sichergestellt. Franziskus konnte dieses Verhalten nicht unterstützen, er legte kurzentschlossen die Ordensleitung nieder und überließ sie anderen. Eindeutig litt er an der wohl unvermeidlichen Entwicklung, daß Kirche und Brüder seine persönliche Lebensform der Masse angleichen mußten, wenn sie den Fortbestand sichern wollten (vgl. Rotzetter, 1981, 45 f.).

Ganz offensichtlich handelt es sich bei diesem Geschehen um Desozialisation im Sinne I. Woll-Schumachers (vgl. 2.1.1). Franziskus gibt wichtige Rollen und Funktionen auf, die gleichsam seinen Lebensinhalt ausmachten. Zurück bleibt ein Vakuum, das nur schwerlich kompensiert werden kann. Das Niederlegen der Ordensleitung ist durchaus vergleichbar mit dem Eintritt in den Ruhestand oder, bezogen auf die Rolle der "Nur-Hausfrau", mit dem Auszug der Kinder, wobei letzterer, ebenso wie die Pensionierung, leichter zu bewältigen ist. Diese Geschehnisse lassen sich voraussehen und in die Zukunftsüberlegungen einplanen. Es handelt sich um "normale", d. h. allgemein anerkannte und selbstverständliche Prozesse im Lebenszyklus eines Individuums.

Hingegen war das Ausscheiden aus der Leitungsposition für Franziskus kein natürliches Geschehen, es traf ihn plötzlich und unvorbereitet. Die Entwicklung des Ordens hätte auch in anderer Weise verlaufen können. Eben darum spielt der Aspekt des persönlichen Scheiterns eine Rolle, das dem Ereignis sein besonderes Gewicht und einen negativen Akzent verleiht.

Weitere Grenzerfahrungen, die Franziskus desozialisierten, waren Krankheiten, Depressionen und Sterben. Von Jugend an litt er an Malaria, deren Krankheitssymptome sich mit zunehmendem Alter verschärften. Von der Missionsreise nach Ägypten brachte er eine schmerzhafte Augenentzündung mit, ein Trachom, begleitet von starken Kopfschmerzen und zunehmender Lichtempfindlichkeit, die fast zur Erblindung führte. Hinzu kamen Magen- und Darmgeschwüre, Milz- und Lebererkrankungen, Blutarmut, Wassersucht und schwere Depressionen (vgl. Rotzetter, 1981, 48; vgl. 1.2.1).

Die *"Fioretti"* sprechen von "Dämonen", gegen die Franziskus anzukämpfen hatte, von "Versuchungen" und "Trockenheit der Seele". Sie umschreiben mit den Worten nichts anderes als einen Zustand der Bitterkeit, Melancholie, Müdigkeit, Selbstquälerei, Existenzangst, Mutlosigkeit und Verzweiflung, der Franziskus befallen hatte (vgl. Holl, 1979, 301). Er fühlte sich vor Gott und den Menschen gescheitert: Die Missionsreisen waren anders verlaufen als geplant. Die Völker in Ägypten hatte er nicht bekehren und die Schlacht in Damiette nicht verhindern können (vgl. Czjzek, 1982, 127 ff.). Hinzu kamen die negativen Entwicklungen innerhalb seines Ordens, auf die ich bereits eingegangen bin.

Persönliche Niederlagen, Krankheiten und Depressionen drängten Franziskus in die Position eines Außenseiters, gemieden von Familie, Freunden und Gesellschaft. Zwar nahm Franziskus diese Rolle wegen seines außergewöhnlichen Lebensstils schon seit mehreren Jahren ein, doch zeigte sich am Ende des Lebens ein gravierender Unterschied:

Der Anfang seiner Geschichte war gekennzeichnet durch aufbauende Sozialisation. Selbst der Bruch mit Familie und Gesellschaft vollzog sich auf dem Hintergrund, fortan für Gott freier und verfügbarer leben zu können. Während in früheren Jahren der Verlust bestimmter Rollen und Positionen durch neue kompensiert wurde, trat gegen Ende des Lebenszyklusses ein Funktionsverlust ein, der von Franziskus kaum ersetzt werden konnte.

Folglich werde ich Franziskus nicht gerecht, ordne ich ihn ausschließlich in die Kategorie eines Heiligen ein, dem eine gewisse Romantik, strahlende Heiterkeit und Leichtigkeit zu eigen sind. Er hat statt dessen, um es mit den Worten von Boff auszudrücken, die Heiligkeit nicht zu sich genommen, wie ein Kind die Muttermilch trinkt: "Hinter einem Heiligen verbirgt sich ein Mensch, der die Hölle der menschlichen Abgründe und den Taumel von Sünde, Verzweiflung und Gottesleugnung kennengelernt hat. Er hat wie Jakob mit Gott gerungen (Gen 32), und der Kampf hat ihn geprägt" (Boff, 1983, 186).

Welche Strategien Franziskus entwickelte und welche Hilfsquellen ihm zur Verfügung standen, diese seine Desozialisation zu bewältigen, werde ich mit Blick auf die gerontologische Wissenschaft im Fortlauf meiner Arbeit erörtern (vgl. 4.4).

Mein Interesse gilt zunächst der Gerontologie unter folgender Fragestellung: Wenn Grenzerfahrungen und desozialisierende Momente am Ende eines jeden Lebenszyklusses überwiegen, so muß sich die Gerontologie als Wissenschaft über Fragen des Alters und Alterns (vgl. Reimann, 1983^3, 8) bereits mit Verlusterfahrungen auseinandergesetzt haben. Zeigt sie dem alternden Menschen

Wege und Möglichkeiten auf, Desozialisation zu bewältigen und ihr einen positiven Sinn beizumessen? Wenn ja, um welche Hilfen handelt es sich?

Unter Umständen ergeben sich Parallelen zur Lebensweise des Franz von Assisi. In einem zweiten Schritt werde ich die Theologie befragen als eine Wissenschaft, deren Inhalte Franziskus zur Richtschnur geworden sind.

3. Theoretische, empirische und theologische Beiträge zur Daseinsbewältigung im Alter

3.1 Theorien über "erfolgreiches" Altern

Theorien haben die Aufgabe, das beobachtete menschliche Verhalten unter einem Aspekt zusammenzufassen, es gleichzeitig zu erklären, zukünftiges Handeln vorauszusagen und ggf. im Rahmen von Therapien zu verändern. Sie dienen der gerontologischen Wissenschaft dazu, Erkenntnisse über den Alternsprozeß zu gewinnen und allgemeingültige Aussagen zu formulieren. Bisher ist es nicht gelungen, die Vielzahl der Alternsprozesse unter einer Theorie zu beschreiben. Statt dessen existieren zahlreiche unterschiedliche Ansätze, die sich stets mit Teilaspekten des Alterns befassen (vgl. Keuchel, in: Hdb. der Gerontologie, 1984, 350).

Ich werde zunächst zwei Theorien exemplarisch herausgreifen und vorstellen. Bereits zu Beginn der 60er Jahre wurden sie in die gerontologische Diskussion gebracht und führen auch heute noch zu kontroversen Stellungnahmen. Beide gehen sie der Frage nach, unter welchen situativen Bedingungen ein Individuum zufrieden und erfolgreich altern kann. Aus allgemeingültigen Aussagen bezüglich des Alternsprozesses leiten sie konkrete Handlungsmaximen für alternde Menschen ab.

3.1.1 Aktivitätstheorie (= AK)

Die folgende Konzeption wurde in den USA entwickelt und geht aus von einem bestehenden Wechselverhältnis zwischen dem sozialen Aktivitätsniveau (Intensität und Intimität der sozialen Kontakte) und der Lebenszufriedenheit in dem Sinne, daß nur diejenigen Menschen glücklich und zufrieden altern, welche die

Möglichkeit besitzen, aktiv etwas leisten zu können und deshalb von anderen "gebraucht" werden (vgl. Lehr, 1984[5], 218).

Dabei lassen sich nach den Aktivitätstheoretikern folgende Annahmen formulieren:

Jeder Mensch übernimmt in der Gesellschaft, in der er lebt, spezifische soziale Rollen (z. B. Berufsrolle, Familienmitglied usw.). Die damit verbundenen Aufgaben werden überwiegend im sozialen Kontakt mit anderen Personen realisiert. Sowohl die Ausübung dieser Aktivitäten an sich als auch der dabei entstehende Sozialkontakt wird von dem Rollenträger als befriedigend erlebt.

Mit zunehmendem Alter müssen jedoch bestimmte Rollen und Funktionen, in denen der einzelne bislang Befriedigung fand, aufgegeben werden, was in hohem Maße für die heutige Industriegesellschaft gilt: "Im Gegensatz zur bäuerlichen Familie, in der der alte Mensch auch heute noch bestimmte Funktionen erfüllen kann ..., stellt die moderne großstädtische Familie dem alten, aus der Arbeitswelt ausgegliederten Familienmitglied kaum noch in zureichendem Maße Funktionen - und schon gar nicht berufskontinuierliche - zur Verfügung" (Tartler, 1961, 46 f.). Verloren gehen die Rollen der Traditionsvermittler, des Erziehungsbeistandes und der Erfahrungsträger. Traditionen werden, wenn überhaupt, durch die Massenmedien vermittelt. Erziehungseinflüsse seitens der Großeltern sind nicht mehr gefragt, weil sie den Ansichten und Grundsätzen der modernen Pädagogik widersprechen. Und nicht zuletzt zeigt sich eine Generationsnivellierung, d. h., die Gesellschaft stellt dem alten Menschen keine echten Altersrollen zur Verfügung, intendiert statt dessen eine Angleichung an die Erwachsenengeneration (vgl. Tartler, 1961, 53, 60, 62). Solche und andere Tendenzen schränken den Verhaltensradius betagter Menschen enorm ein und zwingen zur Inaktivität, die Unzufriedenheit und negative Selbstbewertung nach sich zieht (vgl. Lehr, 1984[5], 218 f.).

Aufbauend auf diesen Erkenntnissen, fordern bedeutende Vertreter der AK (Havighurst, Lemmon, Bengston, Peterson, Tartler), das entstandene Vakuum auszugleichen, z. B. durch die Beschäftigung mit Hobbys oder dem Schaffen eines neuen Bekanntenkreises, um der Unzufriedenheit und Vereinsamung entgegenzuwirken. Erst ein hohes Aktivitätsniveau garantiert ein Höchstmaß an Zufriedenheit (vgl. Keuchel, in: Hdb. der Gerontologie, 1984, 352).

Abschließend fasse ich die Aussagen der AK im Hinblick auf meine Thematik in zwei Postulaten zusammen:

a) Grundsätzlich lassen sich alle im Alter auftretenden Grenz- und Konfliktsituationen zurückführen auf Rollen- und Funktionsverluste, die zwangsläufig mit dem Alternsprozeß einhergehen.

b) Das hat zur Folge: Alle Konflikte und negativen Ereignisse im Leben betagter Menschen können mit Hilfe neuer Aktivitäten bewältigt werden.

Auf die Gefahren einer derartigen Verallgemeinerung werde ich in 3.1.3 zu sprechen kommen. Vorläufig lasse ich die Theorie unkommentiert stehen und stelle einen weiteren Ansatz vor, der nicht weniger zum Widerspruch herausfordert.

3.1.2 Disengagement-Theorie (= DE)

Die Thesen der DE von Cumming und Henry wurden im Jahre 1961 entwickelt. Die empirische Basis liefert die *"Kansas City Study of Adult Life"*, eine von 1955 bis 1962 durchgeführte Längsschnittuntersuchung, an der insgesamt 279 Personen beteiligt waren (vgl. Olbrich, in: Oerter, Montada, 1982, 368).

In Anlehnung an den zuvor dargestellten Ansatz geht diese Konzeption ebenso von der Beobachtung aus, daß ältere Menschen weniger aktiv sind und nicht so häufig Kontakte pflegen zu Personen anderer Altersstufen. Die hieraus abgeleiteten Konsequenzen stehen jedoch ganz im Gegensatz zur AK. Nicht Aktivität, sondern Rückzug und Isolierung werden gefordert bzw. als unvermeidbar, notwendig und natürlich angesehen. Ältere Menschen wünschen sich geradezu eine Reduzierung der Kontakte und eine Verminderung von Interaktionen sowohl auf gesellschaftlicher als auch auf persönlicher Ebene. Dieser Prozeß wird von Cumming und Henry beschrieben als Disengagement und meint ein wechselseitiges Sich-Loslösen von Gesellschaft und Individuum:

> "In unserer Theorie ist Altern unvermeidbarer gegenseitiger Rückzug oder Disengagement, die aus verminderter Interaktion zwischen der alternden Person und anderen des sozialen Systems - dem sie zugehört - resultieren. Der Prozeß kann eingeleitet werden durch das Individuum oder durch andere in der Situation. Das alternde Individuum mag sich von einigen Kategorien von Leuten ausgeprägter zurückziehen, während es anderen relativ nahe verbunden bleiben mag. Sein Rückzug mag von Anfang an begleitet sein von einer starken Befassung mit sich selbst, gewisse Institutionen in der Gesellschaft mögen seinen Rückzug erleichtern. Wenn der Alternsprozeß abgeschlossen ist, dann ist das Gleichgewicht, das zwischen Individuum und seiner Gesellschaft existiert hat, durch ein neues Gleichgewicht abgelöst worden, das charakterisiert ist durch eine größere Distanz und durch eine veränderte Art der Beziehung" (Cumming/Henry, in: Tews, 1979[3], 108).

Es handelt sich um zwei unterschiedliche, jedoch aufeinander bezogene Prozesse. Die Gesellschaft entläßt den einzelnen aus seinen Rollen und drängt ihn aus gesellschaftlichen Bezügen heraus (=gesellschaftliches Disengagement). Das Individuum selbst zieht sich mehr und mehr in sich zurück und gibt soziale Normen zugunsten eigener, individueller auf, um in Freiheit den Lebensabend zu gestalten und sich auf den Tod vorzubereiten (=persönliches Disengagement). Gesellschaftliches und persönliches Disengagement laufen nicht immer gleichzeitig ab. Die Gesellschaft kann das Individuum zum Disengagement zwingen, obwohl der einzelne noch nicht dazu bereit ist, und umgekehrt hindert die Gesellschaft am Disengagement, wenn sie dem Individuum bestimmte Rollen und Funktionen aufzwingt (vgl. Lehr, 1984[5], 220 ff. Olbrich, in: Oerter/Montada, 1982, 367 f.).

Im Zusammenhang meiner Thematik lassen sich folgende Postulate aufstellen:
a) Zufriedenes, glückliches Altern ist gebunden an die Verminderung sozialer Aktivität und den Rückzug aus gesellschaftlichen Bezügen und Rollen.
b) Der alte Mensch bewältigt Krisen- und Grenzerfahrungen in dem Maße, als ihm gesellschaftliches und persönliches Disengagement gelingen.

3.1.3 Beurteilung der Ansätze

Beide Theorien werden der Situation alternder Menschen keineswegs gerecht und können grundsätzlich nur bedingt Gültigkeit beanspruchen. Selbst von wissenschaftlicher Seite aus erfahren die Konzeptionen heftige Kritik. So konstatiert Rose, daß der Prozeß des DE einen lebenslangen Verhaltensstil einer bestimmten Personengruppe darstellt und nicht erst den Alternsprozeß kennzeichnet. Ferner bemängelt er den Ethnozentrismus des Ansatzes. Vereinzelt in den USA auftretende Tendenzen, resultierend aus veränderter ökonomischer Struktur und neuen kulturellen Werten, werden verabsolutiert und auf die gesamte Bevölkerung aller Länder und Kulturen übertragen.

Zudem geht in die DE-Theorie ein Werturteil ein, das die optimale Alterssituation subjektiv definiert. So ist eine Allgemeingültigkeit des DE-Postulates in jedem Fall abzulehnen (vgl. Rose, in: Tews, 1971, 114 ff.).

Maddox und Eisdorfer kritisierten die DE-Theorie bereits 1963 mit empirischen Daten, indem sie den Zusammenhang zwischen Aktivität und Stimmungslage bei 182 Personen analysierten. Nur bei 11 - 15 % der Untersuchten fand sich eine Korrelation zwischen geringer Aktivität und positiver Stimmung. Gemäß dieser Studie geht eine Verminderung der Sozialkontakte eindeutig einher mit negativem Erleben und Unzufriedenheit (vgl. Maddox, in: Lehr, 1984[5], 225).

Demgegenüber hat die Aktivitätstheorie von wissenschaftlicher Seite aus wenig Kritik erfahren, was meines Erachtens nur allzu verständlich ist. Würde diese Konzeption in Frage gestellt, so wären gleichzeitig alle Ansätze praktizierender Altenarbeit kritisiert und nur noch bedingt durchführbar. Nichtsdestoweniger kann und darf die Aktivitätstheorie keine absolute Gültigkeit beanspruchen. Konkret laufen ihre Thesen darauf hinaus, daß ein schwerkranker bettlägeriger alter Mensch grundsätzlich unglücklich ist und eine negative Stimmungslage aufweisen muß. Parallelen zum Leistungsprinzip der heutigen Industriegesellschaft werden offensichtlich, und der Weg zur aktiven Sterbehilfe mit Legitimation auf die Unzufriedenheit des alten Menschen wäre vorbereitet.

Zudem halte ich eine allgemeingültige Definition dessen, was "erfolgreiches" und zufriedenes Altern ausmacht, für unzulässig. Von welchen Maßstäben wird hier ausgegangen? In jedem Fall handelt es sich um subjektive Kriterien einzelner Wissenschaftler, die in unberechtigter Weise auf alle Bevölkerungsgruppen angewandt werden. Eine solche Vorgehensweise aber widerspricht den neueren Erkenntnissen der Gerontologie.

Thomae weist eindringlich hin auf die interindividuelle Variabilität der Alternsprozesse und auf die Notwendigkeit, Altern zu differenzieren (vgl. Thomae, 1983, 9 ff.). Das heißt, bei bestimmten Personengruppen, unter bestimmten sozialen und biographischen Umständen kann soziales DE, bei anderen dagegen Engagement und starke Aktivität zur Lebenszufriedenheit führen. Ein introvertierter Mensch, der stets zurückgezogen gelebt hat, wird im Alter nicht zufriedener, indem er das Ausmaß an Aktivität steigert. Eine Kontinuität zur bisherigen Lebensweise muß in jedem Fall gewahrt bleiben.

Trotz der angeführten berechtigten Kritik habe ich mich dazu entschlossen, die wissenschaftlichen Theorien zu berücksichtigen. Zwar sind sie in ihrem Absolutheitsanspruch zu verwerfen, aber in einer Zusammenschau beschreiben sie ein wichtiges Phänomen, das dem alten Menschen in seinem Bemühen, Desozialisation zu bewältigen, hilfreiche Ansätze bietet:

Untersuchungen des Bonner Psychologischen Institutes weisen hin auf ein vorübergehendes DE, was als eine Form der Reaktion auf Belastungssituationen gewertet werden muß und grundsätzlich in der Persönlichkeitsentwicklung eines jeden Menschen beobachtet werden kann (vgl. Lehr, 1984[5], 224). In den meisten Fällen folgt dem Rückzug eine neue Form des Engagements. Ähnlich wie in der Reifezeit die "Wendung nach innen" umschlägt in eine "Wendung nach außen", so führt in anderen Altersphasen die Anpassung an eine Lebenssituation zunächst zur Restriktion, in einem zweiten Schritt jedoch zu verstärktem sozialen

Engagement, wobei nach empirischen Erkenntnissen erhöhte Aktivität mit positiver Stimmungslage korreliert (vgl. Lehr, 1984[5], 225).

Der Wechsel von DE und AK umschreibt einen Verhaltensradius, der gleichsam in der Bewegung von innen nach außen und wieder nach innen, gemäß einem spiralförmigen Zirkel, einem Ziele, konkret personaler Reife und Mündigkeit, Identität und Lebenssinn zustrebt. Das heißt speziell für den alternden Menschen: Es ist durchaus berechtigt, wegen bestimmter Verlusterfahrungen zu trauern, sich von der Umwelt abzukapseln und allein seinen Schmerz zu durchleben. Die Zeit der Isolation, der scheinbaren Restriktion setzt Kräfte frei, die neue, andere, intensivere Aktivitäten nach sich ziehen. "Nur der Mensch, der in zunehmendem Maße sich selbst erfährt und in steigender Intensität die eigene Wahrheit aus den Kräften der Verwandlung zu leben lernt, ist zu wirklicher Kommunikation mit dem Mitmenschen fähig" (Boden, 1978, 188).

Die Theorien von DE und AK machen das Geschehen ansatzweise deutlich. Noch präziser konstatiert es Tilmann: "Wer sich nicht selbst gefunden hat, vermag auch den anderen nicht wahrhaft zu finden. Wer selbst ohne Tiefe ist, erreicht auch den anderen nicht in dessen Innerstem und Eigentlichem. Die Tiefenbeziehung der Liebe, die den anderen meditierend in die eigene Mitte aufnimmt und sich in das Innere des anderen hineinzutasten sucht, kann nicht mehr richtig vollzogen werden" (Tilmann, in: a.a.O., 188). So gehört zum Menschsein eine ständige Spannung zwischen innerem Rückzug und äußerer Aktivität. Auf diese Weise kann sich dem Individuum Lebenssinn erschließen, können transzendente Elemente (vgl. 1.1.2) fühlbar werden und Funktions- und Rollenverluste verarbeiten helfen (vgl. 4.2 ff.):

"Integration zwischen innen und außen ... Das ist ein rhythmischer Zyklus von innerer und äußerer Arbeit. Wir müssen in uns den Ort der Stille und des Friedens finden, um die Energie von dort in die Welt hinauszutragen. Hier bewährt sich unser innerer Wachstumsprozeß. Hier können wir prüfen, ob das innen Erreichte den Anforderungen draußen standhält. Am besten ist das in Beziehungen möglich: unsere spirituellen Werte im Licht des Alltags zu testen. Das ist das schwierigste Testgelände der Welt" (Schellenbaum, 1988[3], 101).

Franziskus hat eine solche Einheit von Meditation und Aktion konkret gelebt. Die Quellen berichten folgendes: Fasziniert von der Lebensweise der Eremiten, überkam ihn ein starkes Verlangen, sein Leben ausschließlich der Meditation zu widmen. Erst in einem Gespräch mit Bruder Silvester und Schwester Klara erkannte Franziskus, daß Welt und Menschen auf dem Weg zur Meditation kein Hindernis darstellen, sondern gleichsam deren Bedingung ausmachen. So versuchte Franziskus zeit seines Lebens, Meditation und Arbeit in Einklang zu bringen (vgl. Rotzetter, 1981, 41 f.). Diese Haltung führte zu einer ständigen Gebetsbereitschaft. Das Ideal des Eremiten blieb gültig, auch mitten im Lärm und der Hektik der Welt. Verstärkt zog es Franziskus in die Einsamkeit zurück, wenn er an Knotenpunkten seines Lebens stand, Entscheidungen zu treffen oder Verlusterfahrungen zu verarbeiten hatte. So ging Franziskus auf den Berg La Verna hinauf zu wochenlanger, einsamer Meditation, nachdem er auf dem Kapitel die Ordensleitung niedergelegt hatte (vgl. ebd. 47). Hier ereignete sich die Stigmatisation (vgl. 1.2.3), die u. a. als Phänomen dafür angesehen werden kann, daß Franziskus sein Scheitern bezüglich des Ordens verarbeitet hat.

Insofern liegen in den Theorien von AK und DE bereits konkrete Hilfen, Desozialisation im Alter zu bewältigen (vgl. 4.2 ff.). Mein nächster Schritt besteht in einer Darstellung ausgewählter empirischer Erkenntnisse, an denen bestimmte menschliche "Daseinstechniken" aufgezeigt werden können.

3.2 Kritische Lebensereignisse in der wissenschaftlichen Forschung

Das Konzept *"Kritische Lebensereignisse"* wurde in der Entwicklungspsychologie eingehend erforscht unter Berücksichtigung individueller, kontextbezogener und epochaler Entwicklungsbedingungen und -veränderungen (vgl. Fooken, in: Hdb. der Gerontologie, 1984, 245). Zweifellos wurzeln die Arbeiten in der Sichtweise des menschlichen Lebenslaufes als phasenartig verlaufender Prozeß (vgl. 0.,1.1.1) sowie in der Erkenntnis, daß zwischen Lebensereignissen einerseits und körperlich-seelischem Befinden andererseits ein enger Zusammenhang besteht.

Inwieweit dem Individuum eine Anpassung und Umorientierung an die veränderte Situation gelungen ist, versucht die empirische Forschung mit dem Konstrukt der Lebenszufriedenheit zu erfassen, d. h., Zufriedenheit, positive Stimmung und inneres Gleichgewicht gelten als Indikatoren für "erfolgreiches" Altern. Im Laufe der Forschungsgeschichte haben die Wissenschaftler bis heute eine breite Skala zur Messung der Lebenszufriedenheit entwickelt mit insgesamt 50 - 70 Korrelaten (vgl. Thomae, 1983, 59 ff.).

Die Vorgehensweise der empirischen Wissenschaft basiert auf der Annahme, Abläufe, Handlungen und Ereignisse im menschlichen Lebenslauf wie objektive Fakten erfassen und daraus allgemeine Gesetzesaussagen ableiten zu können, die Prognosen ermöglichen. Die Erfassung der Tatsachen geschieht mit den Methoden der Beobachtung, Befragung, mit Experiment und Test. Zu diesem Zweck werden Erscheinungen des Lebens (z. B. Freundschaft, Zuneigung, Bildung) in beobachtbare, meßbare Elemente zerlegt, d. h. operationalisiert (vgl. Lassahn, 1978^3, 80 ff.). Folglich muß die Meßgröße der Lebenszufriedenheit in viele Unterskalen zerlegt werden, soll sie empirisch erfaßt werden können.

Ich werde auf diese nicht näher eingehen. Weitere Ausführungen dazu sind nachzulesen in: Thomae, Alternsstile und Alternsschicksale; Bern, Stuttgart, Wien 1983. Statt dessen wende ich mich einer definitorischen Bestimmung der kritischen Lebensereignisse zu und lege anschließend den Schwerpunkt auf ausgewählte empirische Untersuchungen, welche die Reaktionen auf Belastungssituationen erfassen. Dabei geht es mir um Herausstellen und Beschreiben bestimmter Verhaltensweisen, begleitet von der Frage, inwieweit die genannten Ergebnisse dem alten Menschen Hilfen zur Daseinsbewältigung anbieten können.

3.2.1 Begriffliche Abgrenzung

Ich stütze mich im folgenden auf I. Fooken, in Hdb. der Gerontologie, 1984, 245, die in Anlehnung an Filipp kritische Lebensereignisse beschreibt als:

a) "... distinkt abgehoben erlebte, raumzeitliche, punktuelle Verdichtungen eines Geschehensablaufes, die sich innerhalb und außerhalb der Person vollziehen können ..."

b) "... Stadien des relativen Ungleichgewichtes in dem bislang bestehenden Person-Umwelt-Passusgefüge ...".

Das Individuum ist um eine Wiederherstellung des Gleichgewichtes bemüht, wobei die Auseinandersetzung mit dem Lebensereignis gelingen oder scheitern kann. Dabei spielt die emotionale Bedeutsamkeit des Geschehens eine Rolle und muß bei der empirischen Erfassung berücksichtigt werden. Sowohl positive als auch negative Affekte beeinflussen die Art und Weise der Situationsbewältigung. Ferner können die Ursachen des Ungleichgewichtes sowohl in der Person selbst (z. B. Krankheit) als auch in der Umwelt (Pensionierung, Übersiedlung in ein Altenheim) begründet sein (vgl. a.a.O.).

Auf dieser Begriffsbestimmung basieren die folgenden Untersuchungen zu speziellen Belastungssituationen des menschlichen Lebenslaufes.

3.2.2 *"Daseinstechniken und -thematiken" nach der kognitiven Persönlichkeitstheorie*

Die Begriffe *Daseinsthematik* und *Lebenstechnik* wurden von Thomae im Rahmen seiner Persönlichkeitstheorie eingeführt. Er basiert auf der Annahme, daß jeder Mensch bestimmte Daseinsthemen entwickelt, an denen er sein Verhalten mehr oder weniger ausschließlich orientiert. Es handelt sich um relativ gleichbleibende Grundrichtungen des Lebensvollzuges, die sich zielsetzend und regulierend auf das Handeln einzelner auswirken oder - mit Thomae definiert - um einen "Kunstgriff der menschlichen Natur zur Ermöglichung des Daseins" (Thomae, 1968, 140). Sie sind gleichsam Resultat der Interaktionen zwischen Individuum und den vielfältigen Lebenssituationen, mit denen der einzelne im Laufe seiner Entwicklung konfrontiert wird (vgl. Tismer, 1969, 12 f.). Aus der unbegrenzten Zahl möglicher Themen zur Daseinsführung lassen sich bestimmte Gruppierungen herausstellen. Die Reihenfolge entspricht gleichzeitig einer Rangfolge nach der Häufigkeit des Auftretens:

a) Leistungsbezogene Techniken
Der Mensch investiert bestimmte eigene Energien, er setzt Kräfte ein, um die Umweltsituation zu seinen Gunsten zu verändern - ein für den "Leistungsmenschen" typisches Verhalten.

b) Anpassung
Das Subjekt intendiert eine Übereinstimmung des eigenen Tuns oder Seins mit anderen, mit sachlichen Gegebenheiten, mit Erwartungen und Bedürfnissen von Gruppen und Individuen bzw. bestimmten gesellschaftlichen Normen. Indem es das eigene Verhalten modifiziert und nicht die Umwelt verändert, möchte es eine Übereinstimmung zwischen Eigenanspruch und Fremdanforderung erreichen. Das Akzeptieren bzw. die Neubewertung der Situation stellt das Resultat des Prozesses einer "kognitiven Umstrukturierung" dar.

c) Defensive Techniken
Hier handelt es sich um Reaktionen, die über eine Abwehr schädlicher Impulse und weitgehende Reduzierung des Verhaltensspielraumes alle unangenehmen Vorstellungen vom Bewußtsein fernhalten (z. B. Leugnung, Ignorierung, Gewöhnung, Vertuschen, Verharmlosen, Angstmeidung). Der einzelne intendiert, der gegebenen Lage auszuweichen.

d) Exgression und Evasion

Diese Thematik läßt sich gleichsetzen mit Ausweichen oder "Herausgehen aus einem Spannungsfeld" in direkter Form des Ortswechsels, des Unter- oder Abbrechens von Beziehungen, im Suchen nach Entspannung durch das Sichherauslösen aus dem Forderungscharakter von Beruf und gewohnter Umwelt oder durch Flucht in die Krankheit. Der einzelne erkennt zwar den Problemcharakter der Situation, ist aber nicht in der Lage, diese aktiv zu verändern.

e) Aggression

Der Mensch beabsichtigt eine rücksichtslose Durchsetzung seiner Interessen und somit eine gewalttätige Beseitigung von Widerständen. Er intendiert eine direkte oder indirekte Schädigung eines anderen Individuums.

Eindeutig ist diese Lebenstechnik von der "Anpassung" abzugrenzen, die eine Übereinstimmung mit der Umgebung erreichen will. Dagegen zielt die Aggression auf Unterwerfung bzw. Überwindung des seitens der Umwelt geleisteten Widerstandes durch Anwendung von Gewalt (vgl. Thomae, 1968, 378 ff.; vgl. Lehr, 1984[5], 157 f.).

Welche Daseinsthemen der einzelne Mensch auswählt, ist nach Thomae abhängig von der ganz individuellen Persönlichkeit und Gestaltungsfähigkeit des Subjektes sowie von äußeren Einflüssen aller Art. Ein spezifisches dynamisches Kerngebiet bestimmt das menschliche Verhalten und kann gleichsam als plastischer Antriebsfond gesehen werden. Thomae unterscheidet folgende Kerngebiete:

- "impulsives Ich" = Triebe, Hunger, Durst, Liebe, Schmerzvermeidung, Lebenserhaltung
- "propulsives Ich" = das suchende, neugierige, gestaltende, sich selbst verwirklichende, mit Lust probierende Ich
- "prospektives Ich" = das vorausschauende, abwägende, planende, zielstrebige Ich.

Der Einsatz dieser Kerngebiete wird nach Art und Kraftaufwand gestaltet entsprechend dem individuellen Persönlichkeitsgefüge. Dabei gilt:
"Eine Verhaltensänderung kovariiert stärker mit erlebter als mit objektiver Veränderung" (= erstes Postulat der kognitiven Theorie der Persönlichkeit; Thomae, 1971, 10).
So nehmen Menschen eine objektiv schwere Krankheit nicht immer als eine schwerwiegende Belastung wahr, und umgekehrt erleben andere eine geringfügige gesundheitliche Beeinträchtigung subjektiv als schwere Belastung. Eine Analyse der Daseinsthematiken setzt also immer auch die Untersuchung des individuellen Erlebens voraus. Erst Biographie, gegenwärtige Situation und Zukunftsperspektive machen das Verhalten in Belastungssituationen verstehbar. Die subjektive Interpretation wird im zweiten Postulat ausdrücklich formuliert:
"Die Art, wie situative Veränderungen erlebt werden, ist von dominanten Bedürfnissen und Erwartungen des Individuums oder der Gruppe abhängig " (ebd., 10).
Persönliche Bedürfnisse, Überzeugungen und Werthaltungen bestimmen die "kognitive Repräsentation" und führen entsprechend zu individuellen Formen des Erlebens von Belastungen. Menschen mit einer positiven Lebenseinstellung nehmen z. B. Grenzsituationen anders wahr als jene, die allen Ereignissen

zunächst negativ gegenüberstehen und schon bei geringen Belastungen zu resignieren drohen.

Kruse führt die verschiedenartige Deutung von objektiv bestehender Belastung zurück auf unterschiedliche Motivationslagen und Werthaltungen: "Während die einen eine Lebenseinstellung entwickelt haben, die auch zu Kompromissen fähig ist, herrscht bei den anderen das unbedingte Verlangen nach Wunscherfüllung vor ... Während sich bei der einen Gruppe im Laufe der Biographie die Überzeugung ausgebildet hat, gerade auf dem Hintergrund der erlebten Entbehrungen und Belastungen das im Leben Aufgebaute und Erreichte dankbar anzunehmen, herrscht bei der anderen Gruppe die Überzeugung vor, daß das Leben bei dem Bestehen von Belastungen und Einschränkungen keinen Wert besitze und auch die positiven Reize ihren Anreiz verlieren" (Kruse, in: Kruse, Lehr, Rott, 1987, 80).

Zufrieden altern kann ein Mensch in dem Maße, wie die erlebte Grenzsituation mit den individuellen Bedürfnissen, Erwartungen und Einstellungen übereinstimmt:

"Anpassung an das Altern ist eine Funktion des Gleichgewichtes zwischen den kognitiven und motivationalen Systemen des Individuums" (= drittes Postulat der kognitiven Persönlichkeitstheorie; Thomae, 1971, 13).

Mit Hilfe der verschiedenen Daseinstechniken versucht der einzelne, dieses Gleichgewicht herbeizuführen. Die Bemühungen können sowohl auf eine "äußere Veränderung der Situation" als auch auf eine "innere Veränderung der Persönlichkeit" abzielen, die durch eine entsprechende "kognitive Umstrukturierung" hinführen zu einer veränderten Perspektive und eine Neubewertung der belastenden Situation zulassen. Folglich ist jeder Lebenslauf einmalig: Er ereignet sich im Rahmen einer sozialen Schicksalsgemeinschaft, im Rahmen unterschiedlicher natürlicher und künstlicher Umwelteinflüsse und im Rahmen allgemeingültiger Gesetzmäßigkeiten des Phänomens "Leben". Eine Wertung der Daseinsthemen und -techniken sollte nicht erfolgen, denn sie dienen der Daseinsfähigkeit des einzelnen Menschen und haben allein deshalb ihre Berechtigung.

In allen drei Postulaten der Persönlichkeitstheorie liegt der Schwerpunkt auf der Subjektivität der erlebten Grenzsituation. Während die beiden zuvor genannten Ansätze (vgl. 3.1.1, 3.1.2) objektive Veränderungen im sozialen Umfeld des älteren Menschen erfassen und das subjektive Erleben nicht berücksichtigen, macht Thomae speziell die subjektive Wahrnehmung des einzelnen zum Ausgangspunkt seiner Diskussion und bietet somit eine Integrationsgrundlage der bereits vorhandenen Alternstheorien.

Konkrete Hilfen zur Daseinsbewältigung bietet die Theorie nicht. Aber sie liefert gleichsam die Basis, an der alle Überlegungen zur Daseinsbewältigung anzusetzen haben. Wenn Thomae zwischen "Alternsstilen" und "Alternsschicksalen" unterscheidet (vgl. Thomae 1983), spricht er dem Menschen Mündigkeit und Verantwortung zu. Die Fremdbestimmung des Alterns wird aufgehoben und umgewandelt in eigenständiges Planen und Denken. Eben weil das subjektive Erleben einen Kernpunkt menschlichen Verhaltens darstellt, kann der einzelne Grenzsituationen individuell gestalten und lösen. Während Alternsstile die Art der Auseinandersetzung mit Lebensaufgaben definieren und personabhängig sind, stellen Alternsschicksale das Ausmaß an personunabhängigen Belastungen dar, denen der einzelne ausgesetzt ist.

Diese Individualität der Auseinandersetzung mit Lebensaufgaben stellt gleichsam die Brücke dar zwischen empirischer Wissenschaft und franziskanischer Spiritualität.

3.2.3 Ausgewählte empirische Beiträge

Die von Thomae entwickelte Persönlichkeitstheorie gelangte u. a. in einer empirischen Untersuchung über die Auseinandersetzung mit chronischen Erkrankungen im Alter zur Anwendung (vgl. Kruse, in: Kruse, Lehr, Rott, 1987, 96 ff.). Dabei wurden 54 Schlaganfallpatienten und 60 Angehörige nach wichtigen biographischen Stationen, nach dem subjektiven Erleben und Bewältigen der Krankheit befragt. Auch die Ärzte der Patienten nahmen an der Studie teil und gaben Auskunft über das Gesundheitsverhalten, das psychische Befinden, die gesundheitliche Entwicklung der Untersuchungsteilnehmer.

Eine Analyse der Ergebnisse zeigte folgende Entwicklung: Unmittelbar nach Auftreten der Krankheit lassen sich die Daseinsthematiken nur schwer charakterisieren. Die individuellen Bewältigungsversuche sind so vielschichtig und komplex, daß sie fast schon widersprüchlich erscheinen. Resignative und leistungsbezogene Techniken wechseln in kurzen Abständen:

> "Morgens, da stehe ich auf, ganz voll von Tatendrang, heute muß es eben etwas werden, nicht aufgeben: Ich versuche, aus dem Bett herauszukommen, ohne Hilfe soll das gehen, aber das geht ja dann doch wieder nicht. Ich merke gerade in diesem Augenblick, ich bin doch niedergedrückt, möchte alles hinschmeißen. Bei mir ist der Tag ein Auf und Ab. Ich gebe nicht auf. Hoffe, es wird noch einmal. Ich will dann wieder aufgeben, hat doch keinen Zweck. Wenn ich sagen würde, mir geht es schlecht, dann würde ich lügen. Aber wenn ich sagen würde, mir geht es gut, dann würde ich auch lügen. Ich mache halt das Beste daraus, versuche es immer wieder. Mal geht es, dann geht es wieder nicht. Das ist eben ein Hin und Her." (Herr Cor, 70 Jahre alt, Schlaganfall, vor einem halben Jahr aufgetreten)

Nach längerer Krankheitsdauer werden die Daseinsthematiken einheitlicher. Der Patient gibt die unterschiedlichen Bewältigungsstrategien zugunsten einer dominanten Reaktionsform auf. Für die Gruppe der seit mehr als fünf Jahren erkrankten Patienten arbeitete Kruse folgende vier Bewältigungsstile heraus, die den von Thomae erarbeiteten Daseinstechniken entsprechen:
- Leistungsbezogene Reaktionsform (zielt auf Veränderung im Außen hin)
- Akzeptierende Reaktionsform (zielt auf Veränderung im Innen hin)
- Geringes inneres Engagement zeigende Reaktionsform, Niedergeschlagenheit
- Bestimmtsein von Verbitterung und Enttäuschung, Hadern mit dem Schicksal.

Eine Analyse der Zusammenhangsmuster ergab folgende Ergebnisse:

a) *Leistungsbezogener Bewältigungsstil*
   Diesem Stil ließen sich jene Personen zuordnen, die
   - bereits vorher belastende Situationen aktiv bewältigt hatten;
   - aus Angst vor Resignation nicht an die Schwere der Erkrankung erinnert werden wollten;
   - Unterstützung seitens der Familie erfahren durften;
   - über gute zwischenmenschliche Kontakte verfügten;
   - von Bekannten zur Übernahme neuer Aufgaben angeregt wurden;
   - ihr Leben als Herausforderung ansahen;
   - aus der Verantwortung für andere ihre Situation verbessern wollten.

b) *Akzeptierender Bewältigungsstil*
Jene Patienten neigten zu einer akzeptierenden "Daseinstechnik", die
- sich erfolglos um eine Verbesserung ihrer gesundheitlichen Situation bemüht hatten;
- im gesamten Lebenslauf die Bereitschaft zeigten, Grenzen zu akzeptieren;
- von ihrem sozialen Umfeld geachtet wurden;
- bemerkten, daß der Ehepartner die Krankheit mitträgt;
- mit dem bisherigen Leben zufrieden waren und dankbar auf die Vergangenheit zurückschauten;
- religiös gebunden waren.

c) *Resignativer Bewältigungsstil*
Zu Niedergeschlagenheit und Depression neigten jene Patienten, die
- auch früher belastenden Situationen ausgewichen waren oder sie mit Resignation "bewältigt" hatten;
- sich von Gesellschaft und Familie isolierten;
- sich ausschließlich auf ihre Krankheit fixierten, so daß der subjektive Gesundheitszustand deutlich schlechter erschien als der objektive Gesundheitszustand;
- ihre Krankheit passiv als unveränderbar hinnahmen und sich darum selbst ärztlichen Empfehlungen widersetzten;
- keinen "Aufgabencharakter" im Leben erblickten und sich selbst als überflüssig und zukunftslos wahrnahmen.

d) Aggressiver, hadernder Bewältigungsstil
Mit Enttäuschung und aggressivem Verhalten reagierten jene Patienten, die
- sich von der Umwelt isoliert und benachteiligt fühlten;
- nur mit aggressivem Durchsetzen der eigenen Wünsche auf sich aufmerksam machen konnten;
- wegen der Krankheit stark resignierten;
- sich als gefährdet und unverstanden erlebten;
- ihre Situation als unveränderbar ansahen;
- nicht bereit waren, sich zu ändern und neuen Lebensaufgaben auszuweichen pflegten;
- die ärztlichen Anordnungen nicht befolgten.
(vgl.Kruse, 1987, 100 ff.)

Insgesamt zeigen die Ergebnisse, daß die entsprechenden Daseinstechniken biographisch verankert sind, d. h. bereits in jungen Jahren erlernt werden, wobei dem sozialen Umfeld eine entscheidende Rolle zukommt. Patient und Angehörige beantworten die Krankheit auf gleiche Weise. Sie bilden eine immer engere Einheit, je länger die Krankheit andauert. Verhält sich die Umwelt abweisend oder gleichgültig, so tendiert der einzelne zu Resignation oder Depression. Erlebt sich der Patient umgekehrt als geschätzt und geachtet, so kann er zu einer neuen Lebensperspektive finden und seine Selbstverantwortung zurückgewinnen.

Ferner bestätigen die Ergebnisse die Thesen der kognitiven Persönlichkeitstheorie und stellen die Subjektivität der Bewältigungsformen heraus. Die einzelnen Reaktionsweisen sind abhängig von der "kognitiven Repräsentanz" sowie von dem Selbstbild des Patienten.

In jedem Fall ist bei einer Analyse der Daseinsthematiken von dem Erleben des einzelnen auszugehen.

3.2.4 Analysierende Schlußfolgerungen

Welche Erkenntnisse hat der Gang durch die empirische Wissenschaft gebracht? Inwiefern zeigen sich hier Möglichkeiten, das Altern zu bewältigen?

In 3.2.1 habe ich in Anlehnung an I. Fooken kritische Lebensereignisse definiert als ein bestehendes Ungleichgewicht zwischen Person und Umwelt, wobei der einzelne um eine Wiederherstellung des Gleichgewichtes bemüht ist. Der Akt der Auseinandersetzung kann gelingen oder scheitern und somit Fehlentwicklungen nach sich ziehen (vgl. 3.2.1). Dieser Aspekt impliziert, daß Konfliktsituationen geradezu in konstruktiver Weise zur Persönlichkeitsentwicklung des Subjektes beitragen können, d. h., der alte Mensch ist den Umweltsituationen nicht passiv ausgeliefert, er verfügt statt dessen über ein hohes Maß an Eigenaktivität und kann z. B. durch sachliche Leistung, aktiven Widerstand oder Verhaltensmodifikation die erlebte Belastung reduzieren (vgl. 3.2.2).

Lebensverändernde Ereignisse stellen insofern eine Herausforderung an jeden einzelnen dar, die in ihm wohnenden Kräfte zu mobilisieren und einzusetzen. Es lassen sich deutliche Parallelen zur Frankl'schen These ziehen, daß das Individuum gerade in Grenzsituationen "das Menschlichste" in sich verwirklichen kann und die "Tragödie" in einen "Triumph" zu verwandeln vermag (vgl. 1.1.2).

Ferner warnen die Untersuchungen davor, bestimmte Daseinsthematiken verallgemeinern und typische Reaktionsformen auf belastende Ereignisse vorhersagen zu wollen. Die Art und

Weise der Auseinandersetzung ist so differenziert wie die Persönlichkeitsstruktur des einzelnen. Die Themen erstrecken sich von leistungsbezogenen Reaktionen über akzeptierende und depressive Techniken bis hin zu kognitiven Prozessen der Umstrukturierung, dort, wo es sich z. B. um irreversible Situationen (Partnerverlust) handelt (vgl. Fooken, in: Hdb. der Gerontologie, 1984, 250).

Ebensowenig darf ich aufgrund der Forschungen meine Ausführungen zur franziskanischen Spiritualität verabsolutieren. Die Haltung und Lebensweise des Franz von Assisi *kann* eine Hilfe sein zur Bewältigung des Alters, insbesondere für die Menschen, bei denen das propulsive Ich die Persönlichkeit bestimmt und prägt (vgl. 3.2.2). Sie stellt keine unabdingbare Voraussetzung für das Gelingen der letzten Lebensphase dar.

Ich ziehe an dieser Stelle Resümee und muß feststellen, daß meine Eingangsfrage unbeantwortet geblieben ist. Das Wissen um differenzierte Reaktionsformen auf belastende Situationen zeigt dem alten Menschen keine Hilfen auf, wenn er konkreten Ereignissen gegenübersteht und z. B. den Tod des Partners verarbeiten muß.

Selbst die Tatsache, daß Krisenmomente eine Herausforderung an den einzelnen darstellen, bietet für Personen, die unmittelbar von Verlust und Leid betroffen sind, keine Möglichkeit, die Belastung zu verarbeiten. Hier weisen die empirischen Untersuchungen ein großes Defizit auf. Sie können ausschließlich Prozentzahlen wiedergeben und wollen auf diese Weise Dimensionen des Menschseins erfassen. Menschliches Leben wird auf das reduziert, was sich testen, messen, berechnen und empirisch einordnen läßt.

Sicherlich hat ein solches Vorgehen seine Berechtigung. Es dient der Planung und Vorausschau, der Prävention und Intervention. Doch Gefahr bringen empirische Resultate in den Fällen, wo sie Absolutheitsanspruch erheben und wichtige Erkenntnisse aus Anthropologie, Theologie und Philosophie verwerfen. Jede Wissenschaft muß sich als interdisziplinärer Ansatz verstehen, d. h. eigene Erkenntnisse von anderen Konzeptionen ergänzen lassen. Speziell diese Arbeit wurde von den Gerontologen bisher nicht geleistet. Ich führe ergänzend Rosenmayr an:

"Aus Gründen, die wir später erörtern werden, beschäftigen sich unsere Zeitgenossen mit Untersuchungen über das Altern und das Alter. Sie unternahmen es, die Gerontologie zur Wissenschaft zu entwickeln. Wenn man allerdings beobachtet, *wie* Gerontologen arbeiten, so sieht man, daß sie die Alten wohl eher als Objekte denn als Partner in ihren Studien betrachten. Sie beobachten sie, testen sie, messen sie, nicht viel anders, als sie es bei Ratten täten. Wenn sie sie tatsächlich einmal befragen ..., so werden diese Meinungen im allgemeinen als Indizien gewertet, die es zu entschlüsseln, kodieren und statistisch zu behandeln gilt, um daraus dann wissenschaftliche Resultate zu erhalten. Diese aber sind meist äußerst weit entfernt von den Meinungen und Erfahrungen der Alten, welche verdächtige und abzulehnende - weil subjektive Meinungen haben, unerwünscht in der wissenschaftlichen Diskussion. Man könnte sich fragen, ob diese wissenschaftliche Haltung des 'Auf-Distanz-Haltens' der Alten durch Gerontologen nicht in Wirklichkeit mit der Vertreibung der Alten aus unserer Gesellschaft und mit der Weigerung der Gerontologen zusammenhängt, ihrem eigenen Alter ins Auge zu sehen" (Rosenmayr, 1978, 109).

Aus den Worten Rosenmayr's spricht eine scharfe Kritik gegenüber der Arbeitsweise der Gerontologie, die auch von anderen Wissenschaftlern aufgenommen wird. So bemängelt S. de Beauvoir, daß sich die Gerontologie ausschließlich auf dem biologischen, psychologischen und sozialen Gebiet etabliert habe: "Auf allen dreien bleibt sie der gleichen positivistischen Einstellung treu; es geht nicht darum, zu erklären, warum die Phänomene auftreten, sondern zusammenfassend mit größtmöglicher Genauigkeit die Erscheinungen zu beschreiben" (de Beauvoir, 1986, 23).

In Anlehnung an den französischen Philosophen Philibert fordert Rosenmayr, daß die Gerontologie philosophische Erkenntnisse berücksichtigen muß, will sie sich als wirkliche Wissenschaft verstehen: "Will die Gerontologie ein Nachdenken über das Altern sein, will sie mehr sein als eine hoffnungslos zersplitterte Sammlung von heterogenen wissenschaftlichen Fragmenten, die einander nur durch Stereotypen über das Alter oder durch praktische Aufgaben (muß man Pflegeheime für Alte bauen? ...) zugeordnet werden, ohne tatsächlich zu einer Einheit zu verschmelzen, dann muß die Gerontologie philosophischer werden, um wirklich wissenschaftlicher werden zu können" (Philibert, in: Rosenmayr, 1978, 119).

Ich schließe mich der Forderung von Rosenmayr an und füge noch einen Aspekt hinzu: Nicht nur philosophische Erkenntnisse bereichern die Gerontologie, vielmehr gilt es, in einer sinnvollen gerontagogischen Forschung alle geisteswissenschaftlichen Ansätze zu berücksichtigen, d. h. Erkenntnisse der Pädagogik, Anthropologie und Theologie mit in die Überlegungen und Schlußfolgerungen einzubeziehen (vgl. Weinbach, 1983). Diese Aufgabe soll im nächsten Kapitel bearbeitet werden, wo ich die Ergebnisse der Alternstheorien und der empirischen Untersuchungen (vgl. 3.1 ff.) durch theologische Aussagen ergänzen werde.

Ich habe die Theologie als "Ergänzungswissenschaft" zur Geragogik gewählt, weil sie das Fundament bildet zum Verstehen der franziskanischen Lebensweise. In ihr hat Franziskus Hilfen gefunden, seine Grenzsituationen und Verlusterfahrungen zu bewältigen. Ferner schließen die theologischen Aussagen an den

Themenkreis des ersten Kapitels an und bieten dem einzelnen konkrete Wege, das Dasein sinnvoll zu gestalten und einen allgemeingültigen, umfassenden Lebenssinn zu finden (vgl.1.1 ff. 4.1 ff.).

Meine Überlegungen gehen aus von der Frage, ob das Alter in der biblischen Tradition ähnliche Probleme aufweist wie in der heutigen Zeit. Welche Rolle wurde dem alten Menschen damals zugeschrieben? Hatte er sich in gleicher Weise mit desozialisierenden Prozessen auseinanderzusetzen? Im Anschluß daran greife ich die in 2.1.2 angeführten Grenzsituationen von L. Pincus auf und setze sie in Beziehung zu den Aussagen des Alten und Neuen Testamentes.

3.3   Theologische Aussagen

3.3.1   Biblische Tradition und Alter

In der Bibel lassen sich keine konkreten Aussagen darüber finden, in welcher Weise ein alternder Mensch seine Rollen- und Funktionsverluste zu bewältigen hat. Ja, das "Altenproblem" an sich kommt überhaupt nicht zur Sprache. Bätz nennt als Ursachen die damalige niedrige Lebenserwartung sowie das Eingebettetsein des alten Menschen in den von Volk und Sippe zugewiesenen Rollen, was den Alternsprozeß wesentlich erleichterte (vgl. Bätz, 1976, 47 f.).

Im AT waren jeder Lebensphase ganz bestimmte Aufgaben zugeordnet. Mit etwa 50 Jahren zählte ein Mensch zum Kreis der Alten, dem trotz des sichtbaren körperlichen Verfalls (vgl. Pred 12, 1-7) ein hohes Maß an Wertschätzung entgegengebracht wurde. Im Buch Hiob heißt es: "Die Weisheit hält sich bei Ergrauten auf, und

Einsicht birgt ein langes Leben" (Hiob 12,12). Altwerden galt folglich als ein besonderes Privileg. Hochbetagten wurden Reife und Weisheit zugesprochen, weil sie über wichtige Erfahrungen verfügten und nicht mehr unmittelbar in das Geschehen des Alltags eingebunden waren. Diese Distanz ermöglichte es ihnen, bei Streitigkeiten Schiedsrichterfunktion auszuüben (vgl. Bätz, 1976, 47 ff.).

Mit dem Glauben an Jahwe, den einen Gott, entwickelte sich im Vergleich zum Altertum ein neuer Generationsbezug. Der Faszinationszusammenhang, der bis dahin den Alten eine mythische, abergläubische Überhöhung zugeschrieben hatte, löste sich auf in einen Verantwortungszusammenhang. Der Rang der "Väter" war nicht länger durch Tabus und Kulte geschützt, vielmehr wurde deren soziale Position abhängig von der Bewährung und Bedeutung im religiös-politischen Lebensfeld, dessen Mittelpunkt Jahwe darstellte. Konkret bestand die Aufgabe der Älteren darin, die Offenbarung Gottes an das Volk Israel als erste Zeugen zu bewahren und an die jüngere Generation weiterzugeben (vgl. Becker, in: Zeitschrift der Gerontologie, 1984, 33).

Im NT zeigt sich keine wesentliche Änderung bezüglich der Stellung des alten Menschen. Das Zusammenleben vollzieht sich nach wie vor in Großfamilien, welche die Älteren im Krankheitsfalle versorgen. Zwischen Arbeits- und Privatwelt gibt es keine örtliche und zeitliche Trennung. Das Leben gestaltet sich in einer überschaubaren Dorf- oder Stadtgemeinschaft. Der Alternsprozeß selbst bzw. die Situation der Alten kommt nur vereinzelt zur Sprache, z. B. im Dekalog als Appell an die jüngere Generation, die alten Eltern zu versorgen (vgl. Ex 20,12; vgl. Bätz, 1976, 50).

Generell ist ein Rollen- und Funktionsverlust (vgl. 2.1.1), von dem der alte Mensch heute betroffen ist, in der damaligen Zeit nicht anzutreffen. Zwar treten in jedem Leben Krisen- und

Verlusterfahrungen auf; z. B. spricht das NT von Witwen, die mit dem Tod ihres Partners auch ihre wirtschaftliche Existenz verloren und völlig mittellos zurückblieben, doch konnten diese Verluste fast in jedem Fall kompensiert werden. Eine verwitwete Frau hatte z. B. die Möglichkeit, zur "Gemeindewitwe" gewählt zu werden, und übernahm somit einen neuen Aufgabenkreis, der sich zusammensetzte aus Hausbesuchen, Diakonie, Seelsorge und Gebet (vgl. 1 Tim 5, 3-16; vgl. Becker, in: Zeitschrift der Gerontologie, 1984, 34).

Der gravierende Unterschied zwischen der biblischen und der heutigen Zeit liegt in der Tatsache, daß die Gesellschaft dem alten Menschen ein erträgliches Leben ermöglichte und bestrebt war, eventuelle Defizite auszugleichen. Demgegenüber müssen die heutigen gesellschaftlichen Strukturen als "zentrale Ursache für das subjektiv empfundene Leid der alten Leute" angesehen werden. Sie drängen den alten Menschen in eine Marginalposition, die "durch Minimalprestige und Interaktionsverlust, kurz durch den Begriff des 'sozialen Todes' gekennzeichnet ist" (Schenda, 1972, 24; vgl. Bätz, 1976, 54).

Dennoch lassen sich den Texten des NT Hinweise entnehmen, die den Alternsprozeß erleichtern können. Es handelt sich um Ansätze, die auch Franziskus zum Maßstab seines Lebens geworden sind (vgl. 4.1 ff.). Becker faßt sie zusammen unter der Überschrift "Alter - frei vom Gesetz" (vgl. Becker, in: Zeitschrift der Gerontologie, 1984, 33), was ich im folgenden erörtere.

3.3.2   Leistung und Rechtfertigung

Zunächst stelle ich die paulinische Rechtfertigungslehre ansatzweise dar und erläutere in dem Zusammenhang das jüdische

Gesetzesverständnis. In einem zweiten Schritt ziehe ich in Anlehnung an Bätz Parallelen zum heutigen autonomen Stellenwert der menschlichen Leistung, kennzeichne die daraus entstehenden negativen Konsequenzen für den alternden Menschen und versuche, aus dem Geschenkcharakter des christlichen Glaubens heraus eine Antwort zu geben.

Becker faßt die Zentralaussage des NT folgendermaßen zusammen: "Durch Gottes erlösendes Handeln in Jesus Christus ist den Menschen die neue Freiheit zum beginnenden Sein auf Gott hin und von Gott her eröffnet ... Jesus übt die Autorität des 'Ich aber sage euch' und begründet damit auch eine neue soziale Wirklichkeit" (Becker, in: ebd., 33). Paulus zeigt in seinen Briefen auf, worin diese neue Freiheit besteht, nämlich in einer Freiheit vom jüdischen Gesetz (vgl. Röm 7,1 ff.), das sich im Verlauf der Geschichte zu einer autonomen Größe entwickelt hatte. Besaß es im AT zunächst ausschließlich sichernde Funktion gegenüber der von Jahwe gestifteten sakralen Ordnung, die dem einzelnen großen Spielraum zur Entfaltung gewährte, so wurde es nach und nach "zu einer absoluten Größe von voraussetzungsloser und geschichtsloser Gültigkeit, in sich selbst begründet, verbindlich einfach deswegen, weil als Gesetz existierend, weil göttlicher Herkunft und Autorität, ... hier also nicht mehr umfaßt von dem durch Jahwe geschichtlich gestifteten, auf seine Gnade und Treue begründeten Bund und diesem dienend, nach- und zugeordnet, sondern nun verselbständigt, das eigentliche Konstituens der Gemeinschaft, Mittelpunkt und Halt seiner auf dem Trümmerfeld errichteten neuen Behausung" (Bornkamm, Glaube und Geschichte 2, Chr. Kaiser, München, 1971, 83). Gesetz und Gott waren also identisch geworden.

Gegen diese Autonomie des Gesetzes wendet sich Paulus. Nicht die eigene Leistung des Menschen, sondern das Handeln Gottes ist gleichsam Maßstab des Heiles. So gesehen wird jede menschliche Anstrengung überflüssig, weil Jesus Christus stellvertretend für alle das Heil bereits erreicht hat. Die vom Menschen noch zu erbringende Leistung besteht allein in der Haltung des Glaubens an diese Heilstat und in der Orientierung an Jesus Christus (vgl. Bätz, 1976, 57 ff.).

Bätz zeigt einen interessanten Sachverhalt auf zwischen dem jüdischen Gesetz und der Situation alternder Menschen heute. Er vergleicht die autonome Größe des Gesetzes mit dem Leistungsdenken der heutigen Industriegesellschaft (vgl. a.a.O., 60). Bei beiden Phänomenen handelt es sich um allgemein anerkannte Forderungen, denen sich keiner entziehen kann, ohne aus der Gemeinschaft ausgestoßen zu werden. Sowohl das jüdische Gesetz als auch das heutige Leistungsdenken stellen Maßstäbe auf, deren Befolgung und Einhaltung die Wertschätzung anderer sichert und das persönliche Selbstwertgefühl steigert.

An dieser Tatsache ist grundsätzlich nichts auszusetzen. Bätz stellt ausdrücklich die positiven Aspekte von Leistung heraus, eben daß sie ein Wertgefühl vermittelt und zugleich das Bewußtsein, nicht ohne weiteres auswechselbar zu sein, daß sie dem einzelnen einen Raum zuteilt, in dem er sich erfüllen und entwickeln kann.

Doch zeigt die Leistung ebenso wie das Gesetz neben dem Positiven zerstörerische Aspekte, die den Lebensraum einengen und das Leben entwerten. "Wo wir nur über die von uns aufzubringende Leistung Anerkennung finden können, da geraten wir in einen Teufelskreis, der uns innerlich und äußerlich ruiniert. Statt uns aufzubauen, duckt uns die Leistung, weil wir immer deutlicher erkennen, daß wir die totale Forderung der Leistung nicht erbringen können ... Am Ende stehen Menschen, die ihre Anerkennung und also ihr Lebensrecht lediglich aus ihrer ökonomischen Nützlichkeit ableiten können und daher bei Beendigung der beruflichen Tätigkeit kein Lebensrecht mehr haben. In diesem Sinne also ist Leistung zu einem tödlichen Gesetz im Sinne der paulinischen Rechtfertigungslehre geworden" (Bätz, 1976, 61 f.).

Als Realität für den alternden Menschen ergibt sich folgender Sachverhalt: Die Pensionierung entzieht jeden einzelnen dem Leistungsdenken der Gesellschaft. Weil das Individuum aber gelernt hat, seinen Wert stets an der Leistung zu messen, fühlt es sich ausgeschlossen und wertlos. An genau dieser Stelle hat der christliche Glaube anzusetzen. Er setzt dem Leistungsprinzip eine neue These entgegen, die das Lebensrecht des einzelnen nicht länger von der Größe der erbrachten Leistung und dem Grad der Nützlichkeit ableitet. Vielmehr postuliert der Glaube, daß jedem Menschen das Recht auf Leben zusteht, weil Gott in Jesus von Nazaret auch dem gesellschaftlich wertlosesten Menschen seine Anerkennung zugesprochen hat. Auf diese Tatsache darf sich das Selbstbewußtsein eines alten Menschen gründen, und somit verliert die öffentliche Bewertung an Bedeutung (vgl. a.a.O., 64).

3.3.3 Unbewältigte Vergangenheit / Schuld

Der alternde Mensch fragt mit besonderer Aktualität nach dem Sinn seines Lebens, hält Rückschau und zieht Bilanz über gelungene und gescheiterte Pläne (vgl. 1.1.2; 2.1.2). Seelische Konflikte, Unzufriedenheit und Furcht vor dem Tod sind in vielen Fällen zurückzuführen auf eine unbewältigte Vergangenheit. So fordert

Bätz als Voraussetzung für die psychische Gesundung ein Annehmen und Aufarbeiten der Vergangenheit, was in jedem Fall auch ein Lösen verdrängter Schuldkomplexe beinhalten muß (vgl. Bätz, 1976, 19, 25, 72).

Nichts anderes meint Erikson, wenn er die Krise der letzten Lebensphase umschreibt mit dem Begriffspaar "Integrität versus Verzweiflung" (vgl. 1.1.1). Es geht um ein Akzeptieren des einmaligen Lebenszyklusses, so wie er sich bisher dargestellt hat. Ich möchte den Aspekt mit alttestamentlichen Aussagen verdeutlichen.

Immer wieder ist im AT die Rede von den "Vätern", die in der zu erbringenden Leistung gegenüber Jahwe gescheitert sind. Die Misere des Volkes wird stets mit dem eigenen Scheitern in Verbindung gebracht, was auf dem Hintergrund der damaligen Heilsvorstellung gesehen werden muß. Persönlicher Lebenslauf sowie politische Geschichte galten als ständiger Kampf zwischen Jahwe und dem zum Ungehorsam neigenden Menschen. Die Heilsgeschichte war abhängig vom Handeln des Volkes, das durch die "Väter" repräsentiert wurde (vgl. Becker, in: Zeitschrift der Gerontologie, 1984, 33). Persönliches Schicksal, Erfolg oder Mißerfolg einzelner waren zurückzuführen auf das Verhalten der Vorfahren. Ein gescheiterter Mensch hatte also keine Chance, sein Leben zu ändern. Das Versagen anderer prädestinierte den eigenen Lebenslauf. Ein Ausbrechen aus dem Kreis von Versagen und Schuld war kaum möglich.

Ein Beispiel gibt der Prophet Elija: Nach einem schweren Kampf gegen die Propheten Baals, die auf seinen Befehl hin getötet worden waren, erkannte Elija seine Schuld am Tod der Männer. Von dem Versagen überwältigt, floh er in die Wüste und wünschte sich den Tod; seine Worte nehmen ausdrücklich Bezug auf die Väter: "Nun ist es genug, Jahwe. Nimm meine Seele hin; ich bin ja nicht besser als meine Väter" (1 Kön 19,4). Die persönliche Schuld und das Versagen der Vorfahren lähmten ihn vollständig und machten ihn handlungsunfähig.

Hier zeigen nun die Aussagen des NT Lösungsmöglichkeiten auf. Wenn Paulus die Freiheit vom Gesetz auslegt (vgl. Röm 7,1 ff.), so weist er hin auf den Geschenkcharakter des Heiles, das, unabhängig vom menschlichen Tun und Lassen, in die Geschichte hereinbricht. Menschliche Schuld, Versagen und Scheitern sind für den Anbruch der Gottesherrschaft nicht maßgebend. Gott urteilt statt dessen analog der Parabel vom barmherzigen Vater (Lk 15, 11-32):

In dieser Erzählung läßt sich der jüngere Sohn eines Großbauern seinen Pflichtteil auszahlen und zieht in die Fremde, wo er das ganze ererbte Vermögen vergeudet und schließlich seinen Lebensunterhalt durch Schweinehüten sichert. Unter dem Druck des Elendes erkennt er seine Schuld und kehrt nach Hause zurück. Anstatt das Verhalten seines Sohnes zu tadeln, läuft ihm der Vater von weitem entgegen und setzt ihn erneut ein in die Rechte als jüngster Sohn.

Das Geschehen spiegelt gleichsam die ganze Botschaft des NT wider und macht folgende Aussage: Gott ist zu grenzenloser Vergebung bereit. Er wartet nicht nur auf Umkehrwillige, sondern geht sogar von sich aus den "Verlorenen" und den schuldig gewordenen Menschen nach. Gerade in der Schuld und mit dem Bewußtsein, keine Leistung vollbracht zu haben, darf sich der Mensch vor Gott stellen und sich bedingungslos angenommen wissen - eine ungemein tröstliche und befreiende Botschaft für den alternden Menschen angesichts des nahenden Todes. Dieses Vertrauen wurzelt letztlich im Kreuz und im Auferstehungsglauben. Eben weil das von Menschen verhängte Kreuz Jesu keine Grenze, sondern Durchbruch für Gottes heilende Gegenwart wurde, kann auch der alte Mensch die Unerfüllbarkeit eigener Ideale und die Tödlichkeit seines Lebens hinnehmen in dem Vertrauen, daß die Welt an Kräfte gebunden ist, die über das menschliche Tun hinausgehen (vgl. Becker, in: Zeitschrift der Gerontologie, 1984, 35).

3.3.4 Leiden, Tod und Auferstehung

Welche Hilfen bietet die Theologie angesichts des Sterbenmüssens, der unzähligen Leiden und Krankheiten, mit denen der alternde Mensch unweigerlich konfrontiert wird?

Ich versuche erneut, im Rückgriff auf das Alte und Neue Testament eine Antwort auf die Fragestellung zu geben. Mir ist es jedoch nicht möglich, das komplexe Sachgebiet in seiner ganzen Breite darzustellen. Ausführliche theologische Stellungnahmen sind dem Literaturverzeichnis zu entnehmen.

Leiden und Sterben werden im AT vielfältig interpretiert. Die Palette reicht von der Deutung des Leides als Folge der Schuld, über Leid als Erziehungsmittel bis hin zu der Annahme, das Leid sei verursacht in der Unbegreiflichkeit Gottes (vgl. Arnold, 1983, 50). Die ganze Breite der alttestamentlichen Leidensverständnisse fließt zusammen in dem Buch Hiob, geschrieben von einem leidenden Menschen, der sich mit den bisherigen Antworten nicht mehr zufrieden gibt und sein ganzes Elend anklagend vor Gott bringt. Die herkömmlichen Leidensdeutungen werden von Hiobs Freunden Eliphas, Bildad und Zophar vorgetragen.

Zunächst sehen sie das Leiden an als Frucht früher gesäten Unrechts (Hiob 4, 7-9). Weil diese Argumentation dem leidenden Hiob keine Hilfe bieten kann, interpretiert Eliphas in einem zweiten Schritt Leid als gottgewollte Prüfung des Menschen (Hiob 5,17), die den einzelnen reinigt und wandelt. Doch auch diese Ratschläge können Hiob nicht weiterführen, er beginnt vor Gott zu klagen und seine Not hinauszuschreien (Hiob 29-31; 38-42). Er fordert Antwort und Rechenschaft von Gott, die ihm schließlich zuteil wird. Gott offenbart sich dem anklagenden Hiob im Wettersturm, d. h. im Zeichen der großen alttestamentlichen Gottesoffenbarungen, die auch Moses, Elija und Jesaia zuteil wurden (Hiob 38-42).

Zwei Aussagen lassen sich anhand der Erzählung herausstellen:
a) Eine endgültig befriedigende Antwort auf die Leidensfrage wird sich der Mensch niemals geben können. Das zeigen die unzähligen neuen Deutungen, die im Hiobbuch aufgegriffen und sogleich wieder verworfen werden (vgl. Arnold, 1983, 52).
b) Gott stellt sich auf die Seite der Leidenden. Er ist nicht derjenige, der das Leid verhängt, vielmehr solidarisiert er sich mit dem leidenden Menschen und nimmt Anteil an seinem Elend (vgl. a.a.O., 59).

Zwar bleibt das Leiden Hiobs grundsätzlich bestehen, doch ändert sich seine innere Einstellung, seine Perspektive, bezüglich des Leidens. Hiob erfährt Gott als einen, der mit ihm ist, der ihn bedingungslos annimmt, auch als leidenden Menschen. Diese Erkenntnis befähigt ihn dazu, sich selbst als Leidenden in seinem ganzen Elend anzunehmen und zu bejahen.

Im NT wird die Interpretation des solidarischen Gottes in der Person Jesu aufgegriffen und fortgeführt. Jesus kämpft entschieden gegen jede Form des Leides an. Er heilt Blinde, Lahme, Aussätzige und stellt sich auf die Seite der Ehebrecherin und der Zöllner. In dem Bemühen, die Menschen von ihren Leiden zu befreien, übertritt er religiöse und soziale Gesetze und zieht sich den Haß der Pharisäer zu (Mk 3,6 f.). Die Leidensgeschichte Jesu nimmt hier ihren Anfang.

Arnold differenziert in Anlehnung an Kierkegaard zwischen einer äußeren und inneren Passion (vgl. Arnold, 1983, 64 ff.). Die äußeren Leiden, wie Verspottung, Geißelung und Kreuzigung, stehen im Zentrum öffentlichen Interesses und markieren das Ende des Lebensweges Jesu. Die inneren Leiden beginnen statt dessen schon während seiner öffentlichen Tätigkeit. Sie bleiben versteckt und verborgen, fordern aber erhöhte Aufmerksamkeit. Beide Leidensarten haben das jesuanische Leben geformt und geprägt.

Die ständige Konfrontation mit dem Unverständnis der Jünger und des Volkes, mit der Ablehnung der Pharisäer und Schriftgelehrten, läßt Jesus von allen Seiten die Resonanzlosigkeit seiner Liebeszuwendung erfahren und führt zu einer tiefen Verletzung seiner Person, die während der Festnahme ihren Höhepunkt erreicht. Judas verrät ihn mit der Liebesbezeugung eines Kusses, Petrus verleugnet seine Freundschaft, und alle anderen Jünger distanzieren sich von dem Geschehen und laufen davon.

Nocke spricht dem Leidensweg Jesu eine gewisse Zwangsläufigkeit zu. Er definiert die Liebe als Hingabe, konkretisiert im Einsatz für andere, im Sich-Ausliefern, Sich-Aufgeben (vgl. Nocke, 1978, 114 f.). Liebe hat stets etwas Tödlich-Gefährliches an sich, weil sie zur Selbstaufgabe der Person führt. Insofern mußte Jesus mit Verfolgung und gewaltsamem Tod rechnen, weil er sein liebendes Engagement zu den Menschen nicht zurücknahm:

"Jesus ist an seiner Liebe zu uns gestorben. Dieses Sterben lag in der Konsequenz der Liebe; aber nicht, weil der Tod an sich wertvoll oder gar gottgewollt wäre, sondern weil Liebe als Pro-Existenz wesentlich Einsatz der eigenen Person, Hingabe bis zur Selbstaufgabe besagt; weil Liebe als Mit-Sein verwundbar macht, identifiziert mit dem Leid, dem Versagen und dem Tod anderer; weil in dieser faktisch so unerlösten, wenig zur Liebe fähigen Welt solche Hingabe nicht einfach und harmonisch als beglückendes Sich-Verströmen gelingt, weil vielmehr der Liebende in die Verkrampfungen, Leiden und Feindschaften der geliebten Menschen hineingezogen wird - mit dem Risiko, darin aufgerieben zu werden." (Nocke, 1978, 122 f.)

Dieses Risiko hat Jesus durchlebt, indem er mit der Vergeblichkeit seines Daseins und der Erfolglosigkeit seines Wirkens konfrontiert worden ist. Ähnlich wie Hiob schreit Jesus am Kreuz sein maßloses Elend heraus und verlangt von Gott eine Antwort auf das Warum seines Leidens.

Die darauf folgende Reaktion Gottes zeigt deutliche Parallelen zu den Erfahrungen Hiobs im AT. Gott solidarisiert sich mit dem leidenden Jesus und bestätigt ihn in der Auferstehung als die Selbstmitteilung Gottes, als den "absoluten Heilsbringer" (vgl. Rahner, 1985^3, 275).

Die frühe Christenheit bezeugt in den unterschiedlichsten Dokumenten, daß Jesus gestorben und auferstanden ist, d. h. in einer personalen Existenzweise weiterlebt (vgl. Kor 15, 3-5; 1 Thess 1,10; 4,14). Jesu Auferstehung unterscheidet sich eindeutig von allen sonstigen Totenerweckungen im NT, die stets die Rückkehr eines Verstorbenen in das Leben dieser Welt beschreiben (vgl. Mk 5,42; Lk 7,14; Joh 11,23 ff.). Demgegenüber bekennen die ersten Christen das Weiterleben Jesu als einzigartiges Geschehen, für das es keine Analogien gibt. Gemäß den paulinischen Briefen hat Jesus durch seine Auferstehung den Tod endgültig überwunden und bereits die endzeitliche Auferweckung vorweggenommen (Röm 6,9). Das aber heißt, Tod und Auferstehung Jesu haben Konsequenzen für das Heil aller Menschen. Beiden Ereignissen kann eine soteriologische Bedeutung zugesprochen werden. Weil sich die Geschichte der Menschen immer als eine gemeinsame Geschichte darstellt, haben Verhalten und Handlungen bestimmter Personen folgenschwere Bedeutung für alle anderen. Das ist gleichsam der Hintergrund, auf dem Tod und Auferstehung Jesu gesehen werden müssen.

Wenn der Mensch Jesus durch Gott gerettet wurde und sich dieses Geschehen geschichtlich real und unwiderruflich in der Welt ereignet hat, dann sind durch Jesus alle Menschen gerettet. Dann hat Gott in Jesus allen Menschen sein unüberbietbares Zusagewort gegeben. In dieser These wurzeln nach Rahner alle späteren, neutestamentlichen Interpretationen bezüglich der Soteriologie, auf die ich im Rahmen meiner Arbeit jedoch nicht eingehen kann (vgl. Rahner, 1985³, 276 ff.).

Statt dessen gehe ich der Frage nach, welche Bedeutung das Zeugnis der Auferstehung Jesu für den alternden Menschen enthält. Nocke definiert die Auferstehung als die "durch Gott garantierte Erfüllung und Vollendung der Liebe". Das heißt, "wer sich hingibt, sich hingebend weggibt, wer an seiner Liebe stirbt, geht in seinem Tod nicht unter, sondern kommt gerade darin zur Erfüllung seiner Liebe, zu denen, die er liebt und zu sich selbst" (Nocke, 1978, 143). Leben und Botschaft Jesu entschärfen gleichsam das Tödlich-Gefährliche der Liebe und halten eine frohmachende Verheißung bereit.

Ein Mensch in der letzten Lebensphase hat das Risiko der Liebe intensiv durchlebt. Aufgerieben in der Liebe zum Partner, zu den Kindern und zum Beruf, entdeckt der Alternde, in welchem Ausmaß die Liebe verwundet hat. Der Einsatz für die Familie, das Sich-Einlassen auf das Schicksal anderer zehrt an der eigenen Gesundheit, ja an dem ganzen Persönlichkeitsprofil des einzelnen.

Ein Greis hat mit den Augen anderer sehen gelernt, hat Freiheiten zugunsten des geliebten anderen aufgegeben, hat an dessen Freuden und Leiden teilgenommen und muß nun feststellen, daß er sich selbst im anderen ein Stück weit verloren hat. Diese Selbstaufgabe zeigt sich am deutlichsten beim Tod eines geliebten Menschen. Der schmerzvolle Verlust wirkt sich für den zurückbleibenden Partner oftmals tödlich aus.

Dem setzt nun der christliche Glaube die Hoffnung gegenüber, daß die Liebe in jedem Fall ankommt, selbst bei radikaler Selbstaufgabe, daß der einzelne in der loslassenden Liebe sein Ich verwirklichen und vollenden wird (vgl. Nocke, 1978, 19). So zeigt der christliche Glaube Wege, dem ganzen Leben, auch den Krisen- und Verlusterfahrungen, einen Sinnzusammenhang zuzusprechen. Ein Zitat von Nocke will das Gesagte zusammenfassen:

"Der Mensch findet seine Selbstverwirklichung in der hingebenden, sich selbst loslassenden Liebe. Diese Liebe, einerseits der einzige Weg zur Vollendung des Ich, hat andererseits - als Selbstaufgabe - etwas Tödlich-Gefährliches an sich. Deshalb erfährt sich der Mensch als Wesen, das gleichzeitig lieben will und Angst vor der Liebe hat. Leben und Botschaft Jesu provozieren zum Wagnis des liebenden Engagements. Der Glaube an die Auferstehung läßt hoffen, daß selbst bei radikaler Selbstaufgabe die Liebe ankommt und der Liebende sein Leben gewinnt. Kurz: Christlicher Glaube befreit zum Wagnis der Liebe!" (Nocke, 1978, 19)

3.3.5 Die Liebe als Sinnangebot des christlichen Glaubens

Abschließend fasse ich die theologischen Erkenntnisse des letzten Kapitels zusammen und setze sie in Beziehung zu der These, daß kein Mensch auf Dauer leben kann, ohne seinem Dasein einen Sinn zuzusprechen (vgl.1.1.2).

Die unterschiedlichen Grenzsituationen alternder Menschen - Pensionierung, Schuld, Leiden und Todeserfahrung - haben deutlich gemacht, daß eine Sinndimension nur dann tragfähig bleibt, wenn sie über alle Rollen- und Funktionsverluste hinaus Gültigkeit beansprucht. Wird der Bereich des Todes und der Grenzsituationen ausgeklammert, so muß der Mensch spätestens im Alter, mit den Worten Erikson's gesprochen, der Verzweiflung verfallen (vgl.1.1.1).

Auf die Sehnsucht nach einem übergeordneten, alles umfassenden Sinn vermag der christliche Glaube eine Antwort zu geben. Er richtet an den Punkten eine Botschaft aus, wo die Welt nur noch verlegen schweigt. Er setzt sich ein für Werte und Ideale der Freiheit, Gleichheit und Geschwisterlichkeit. Er bietet Hilfen und Neuanfang an, wo der einzelne schuldhaft Möglichkeiten und Chancen verspielt, und verheißt schließlich eine Hoffnung über den Tod hinaus, verspricht eine Auferstehung für jeden, der sich auf das Wagnis der Liebe eingelassen hat.

Nach den Aussagen von Nocke läßt sich das Sinnangebot des christlichen Glaubens auf die Kurzformel reduzieren: "Tiefster Sinn liegt im Empfangen und Weitergeben von Liebe" (Moser, 1987[8], 127). Die Liebe stellt das Fundament dar, von dem aus der einzelne allen Situationen und Handlungen seines Lebens Sinn zusprechen kann. Im Hohelied der Liebe heißt es:

"Und wenn ich prophetisch reden könnte und alle Geheimnisse wüßte und alle Erkenntnis hätte; wenn ich alle Glaubenskraft besäße und Berge damit versetzen könnte, hätte aber die Liebe nicht, wäre ich nichts ...

Die Liebe ist langmütig, die Liebe ist gütig. Sie ereifert sich nicht, sie prahlt nicht, sie bläht sich nicht auf. Sie handelt nicht ungehörig, sucht nicht ihren Vorteil, läßt sich nicht zum Zorn reizen, trägt das Böse nicht nach. Sie freut sich nicht über das Unrecht, sondern freut sich an der Wahrheit. Sie erträgt alles, glaubt alles, hofft alles, hält allem stand. Die Liebe hört niemals auf." (1 Kor 13,2 ff.)

Setze ich die Aussagen des Hohen Liedes in Beziehung zu den Postulaten Frankl's, so ergibt sich folgender Zusammenhang:

Während die Überlegungen Frankl's auf den konkreten Sinn eines jeden Augenblicks zielen, ordnet die Liebe - verstanden als Pro-Existenz (vgl. 3.3.4) - die momentanen Sinnerfahrungen ein in einen letzten übergreifenden Zusammenhang und findet ihre entsprechende Basis in den theologischen Ausführungen über Tod und Auferstehung. Arnold schreibt ihr eine heilende und verwandelnde

Funktion zu. Frankl nennt sie "angewandte Logotherapie" (Frankl, in: Arnold, 1983,129).

Der liebende Mensch stellt nicht länger seinen eigenen Egoismus in das Zentrum des persönlichen Interesses, sondern ist um den anderen bemüht. Statt zu besitzen möchte der Liebende geben, statt sich bedienen zu lassen, möchte er dienen (vgl. a.a.O., 129). Der Liebende schafft anderen Menschen Lebensraum, führt sie zu Freiheit und Selbständigkeit, indem er auf eigene Macht und Herrschaft verzichtet. Beispiel eines solchen Sinnangebotes, das selbst der Grenzsituation des Todes standhält, ist die Fußwaschung Jesu (vgl. Joh 13,1-11).

Wer wahrhaft Liebe erfährt, kann Grenzsituationen überwinden. Er darf sich einem Wachstumsprozeß aussetzen und seinen "unheilen Zustand" verwandeln, eben weil er sich bedingungslos angenommen weiß. So setzt die Liebe verborgene Kräfte frei, sie durchbricht alles Begrenzte und Unvollkommene und führt den Menschen schließlich zu seiner Identität (vgl. Arnold, 1983,129 ff.).

Franziskus war vor allem ein ganz und gar liebender Mensch. In seiner Liebe hat er Barrieren und Hindernisse überwunden und konnte auf diese Weise allem Lebenden, sogar der toten Materie, unmittelbar begegnen. Wollte ich die oben angeführte Graphik auf Franziskus übertragen, so müßte ich der Liebe zwei weitere Bereiche zuordnen. Neben den dargestellten Aspekten befähigte sie Franziskus zur geschwisterlichen Annahme aller Lebewesen, selbst der kosmischen Elemente. Diesen Gedanken gilt es im folgenden zu erläutern. Wie hat Franziskus auf der Basis des christlichen Sinnangebotes sein Leben konkret gestaltet? Inwiefern war die Liebe das Fundament, das ihn Grenzsituationen aushalten und bewältigen ließ?

4. Franziskanische Spiritualität und praktische Hilfen für den alternden Menschen

4.1 Evangelische Grundhaltungen des Franziskus

Zur Erläuterung des Gedankenganges wage ich den Versuch, die franziskanische Spiritualität in konzentrischen Kreisen zu erfassen, wobei ich die Aussagen der nächsten Kapitel überblickartig vorwegnehme:

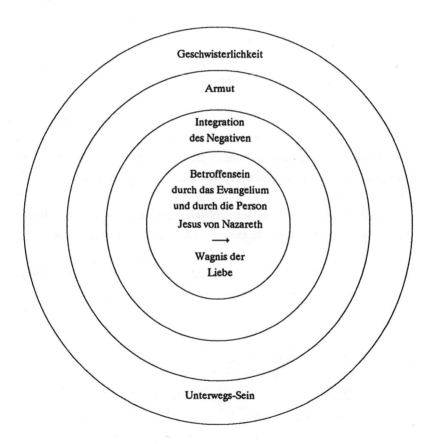

Im Mittelpunkt der Kreise steht die "existentielle und subjektive Betroffenheit durch das Christusereignis" (vgl. Rotzetter, 1979, 20). Das Evangelium wird zum lebensbestimmenden Programm des Franziskus. Dieses will er leben und konkretisieren, weil es mit Jesus Christus identisch ist, der alle Menschen bedingungslos annimmt und liebt. Allein das Wissen, von Gott grenzenlos angenommen zu sein, ermöglicht es Franziskus, selbst das Gescheiterte und Bruchstückhafte in seinem und im Leben anderer zu akzeptieren und neu zu bejahen. Auch der Tod verliert seine Schrecken, weil angesichts der abgrundtiefen Liebe Gottes alles Bedrohliche bedeutungslos wird (vgl. 4.1.1).

Der liebende Gott ist für Franziskus gegenwärtig in der Armut. Deshalb erhält sie einen so hohen Stellenwert in seinem Dasein und durchzieht gleichsam wie ein roter Faden das Gesamt seiner Worte und Taten (vgl. 4.1.2). Doch kann die Armut nicht als Selbstzweck existieren. Sie ist "von einer einzigartigen Dynamik geprägt, von einem Drängen, Zielen, Ausschreiten, Eilen, Gehen ... von einer Energie, welche die ganze Welt ergreifen will" (Rotzetter, 1981, 103). Deshalb realisiert sie sich im Unterwegs-Sein und in der liebevollen Hinwendung zu allen Menschen und Dingen (vgl. 4.1.3; 4.1.4).

Das ist gleichsam die franziskanische Spiritualität kompakt, in wenigen Sätzen wiedergegeben. Im folgenden werden die einzelnen Aspekte ausführlich erläutert.

4.1.1 Integration des Negativen

Pohlmann bezeichnet Franziskus in Anlehnung an die ersten Lebensbeschreibungen von Celano und Bonaventura als einen *"neuen Menschen"* (vgl. Pohlmann, 1985). Doch im eigentlichen

Sinne entdeckte Franziskus nichts Neues. Seine Faszination und Anziehungskraft beruhen auf der Tatsache, daß er Altes auf neue Weise erschloß (vgl. a.a.O., 7). Das heißt konkret, er bejahte die Urkräfte menschlichen Lebens und verstand es, ihnen Raum zur Entfaltung zu gewähren. Weil er "das Gesamt seiner Energien archetypisch integriert hat" und selbst das Negative einschloß "als Weg der Harmonisierung mit allen Richtungen", darum ist Franziskus ein Heiliger geworden, befähigt zu Zärtlichkeit und tief menschlichen Gesten (vgl. Boff, 1983, 190). Diesen komplexen Sachverhalt gilt es zu erläutern. Dabei beziehe ich mich im wesentlichen auf Boff, Zärtlichkeit und Kraft, Franziskus mit den Augen der Armen gesehen, Düsseldorf, 1983:

Im Innern eines jeden Menschen zeigen sich Kräfte und Energien, die sowohl aufbauen als auch zerstören können. Boff spricht in Anlehnung an Freud von den Impulsen des Eros und Pathos als einer Grunddynamik aller Wirklichkeit, einer Leidenschaft, die von Anfang an da ist, ohne die menschliches Leben nicht möglich wäre. Während Pathos ein "Aktiv- und Initiativwerden in der Identifikation mit der gefühlten Wirklichkeit" meint, also die menschliche Fähigkeit beschreibt, den Wert von Dingen zu erfassen, so ist Eros die Kraft, die "uns mit Enthusiasmus, Freude und Leidenschaft die Gemeinschaft mit den Dingen, die wir spüren und schätzen, unsere eigene Selbstverwirklichung, die Nähe der Menschen, mit denen wir gerne Kontakt hätten, die Realisierung unserer Ideale und unserer Berufung und schließlich Gott selbst suchen läßt" (a.a.O., 26).

Eros umfaßt Phantasie, Kreativität, Feuer, Glut, Wärme. Ihr impulsiver Charakter kann aufbauen, anregen, Neues schaffen, aber ebenso zerstören und in unkontrollierte Leidenschaften, Emotionen und Maßlosigkeiten entarten. So gehen Haß und Liebe auf dieselbe Leidenschaft zurück. Diese Koexistenz beider Pole muß gelenkt und ins Gleichgewicht gebracht werden mit Hilfe des Logos, der Vernunft (a.a.O., 187).

Boff stellt zwei Strategien dar, die in der Entwicklung der Menschheit beobachtet werden können. Eine Strategie besteht in dem Kanalisieren der Leidenschaften, d. h., sie werden weitestgehend unterdrückt, verdrängt und kontrolliert, weil sie dem Ideal der Vollkommenheit widersprechen. Ein Mensch, der diesem Modell folgt, orientiert sich an der Figur des Pfeiles, der nach oben ausgerichtet ist. Eine zweite Haltung versucht statt dessen, die Leidenschaften des Eros und Pathos zu akzeptieren, sie zuzulassen und in das gesamte Profil zu integrieren. Maßgebend ist die Figur eines Kreises, der Dinge umschließt und integriert (vgl. a.a.O., 188 f.).

Franziskus ist den zweiten Weg gegangen. Er hat alle Energien in sich harmonisch integriert, insbesondere das Negative, die Schattenseiten akzeptiert und angenommen. Die Gegebenheiten, denen er machtlos gegenüberstand, z. B. die Entwicklung innerhalb seines Ordens, die Veränderungen seiner Regel, konnte er nach und nach, innerlich gelöst, akzeptieren. Sie wurden zur Chance eines inneren Wachstums.

Ferner bejahte Franziskus Schwächen und Fehler an sich selbst und an anderen. Sie wurden zur Bereicherung seiner Person, weil an ihnen das Handeln Gottes sichtbar wurde. Insofern waren sie Wege der Gottesbegegnung (vgl. a.a.O., 194). Franziskus machte inmitten seines Alltags die Erfahrung, daß Gott sich den Menschen liebevoll zuwendet, unabhängig von ihrem Verhalten, dem Gelingen oder Scheitern ihres Tuns. Aus dieser Haltung erwuchs eine tiefe innere Freude und Freiheit, die alles Negative bejahen konnte. Weil Gott sich gegenüber allem Lebenden so grenzenlos zärtlich und mitfühlend zeigt, verstand sich Franziskus aufgerufen, ebenfalls das Negative an sich selbst und an anderen bis zum äußersten zu akzeptieren. Jeglicher Leistungsdruck, vor anderen bestehen zu müssen, entfiel, und sogar der Tod konnte als die "absolute Verneinung des Lebens" in den Zusammenhang des Daseins integriert werden. Franziskus starb singend, nachdem er den Tod als Bruder begrüßt hatte (vgl. a.a.O., 124). Die liebende Beziehung zu Gott als der Quelle des Lebens befähigte ihn, ein Ja zur Sterblichkeit zu sagen in dem Vertrauen, daß sein Ich nicht dem Tod verfallen kann, solange Gott existiert (vgl. a.a.O., 214).

4.1.2 Armut

Die Armut läßt sich als lebensbestimmende franziskanische Grundhaltung definieren. Franziskus leitet sie ab aus der Betroffenheit durch das Evangelium und schreibt ihr gleichsam eine "Prärogative" zu gegenüber allen anderen Werten, d. h., sie muß unter den Tugenden bevorzugt und "erkämpft" werden. Denn die Armen wurden in der Bergpredigt selig gepriesen. Ihren Kreisen gehörte Jesus von Nazaret an.

In der Schrift "Der Bund des heiligen Franziskus mit der Herrin Armut" wird Armut beschrieben als Grundlage und Fundament der christlichen Werthierarchie überhaupt. Spätere Zeiten personifizieren die Haltung und stellen Franziskus in einer mystischen Verbindung zur Braut "Armut" dar (vgl. Rotzetter, 1981, 81 f.).

Intention dieser Texte ist, die franziskanische Spiritualität zu beschreiben und begrifflich zu fassen. Ihre Wurzeln gehen zurück auf die radikale Forderung, keine materiellen Güter zu besitzen. Der Lebensunterhalt der Brüder soll durch Arbeit oder im Notfall durch Betteln erworben werden (vgl. Testament, in: Franziskan.

Quellenschriften, 1980, 214). Franziskus verbietet selbst den Besitz von Häusern oder anderen Unterkünften. Weder Kollektiveigentum noch Einkommen darf die Existenzbedingungen des Ordens sicherstellen, weil allein Gott für den Lebensunterhalt sorgen wird. Besitztümer zeugen gleichsam von einem mangelnden Vertrauen gegenüber Gott und bedürfen außerdem der Verteidigung durch Waffen.

Franziskus gründet seinen Orden allein auf das Matthäusevangelium, wo es heißt: "Ihr sollt kein Gold erwerben und kein Silber, noch Münze für eure Gürtel, nehmt keinen Bettelsack mit auf den Weg, auch nicht zwei Röcke, keine Schuhe, keinen Stab ..." (Mt 10,9 ff.). Das ist die Regel, an der sich Franziskus bis zu seinem Tod orientiert (vgl. Gobry, 1982, 68).

Doch um dem franziskanischen Anspruch gerecht zu werden, muß folgende Unterscheidung beachtet werden: Franziskus liebt die freiwillige, die gewollte und bejahte Armut, nicht die zerstörerische, qualvolle Not, die vielen Menschen ihre existentielle Lebensgrundlage raubt. Dieses Armsein hat Franziskus nie gepriesen, sondern war statt dessen mit allen Kräften bemüht, es zu beseitigen (vgl. Sartory, 1977, 14).

Seine Haltung basiert auf einer viel tieferen inneren Existenzweise, die den ganzen Menschen umfaßt. Ausgehend von dem Satz in Mt 10,8: "Umsonst habt ihr empfangen, umsonst sollt ihr geben", versteht sich Franziskus als Geschöpf Gottes, als jemanden, der nichts besitzt, vielmehr alles empfängt, der um eine radikale und totale Abhängigkeit von Gott weiß. Boff beschreibt die Seinsweise der Armut wie folgt:

"Die so verstandene Armut fordert als existentielle Haltung eine radikale und dauernde Verfügbarkeit, und zwar mit allem, was man ist und hat. Man fühlt sich also als Geringster von allen

und als Bruder oder Schwester aller Geschöpfe, die auch total leer und von Gott abhängig sind" (Boff, 1985, 125).
Der Begriff "Armut" meint also nicht primär "Haben oder Nicht-Haben". Der Schwerpunkt liegt auf der ontologischen Seinsweise des Menschen. Sich total von Gott als verdankt zu sehen, das ist die ursprüngliche Form des Armseins.
Eine solche Haltung intendiert nicht, Selbstzweck zu bleiben. Vielmehr verkörpert sie eine Handlungsmaxime, die sich am Elend der Welt orientiert und gleichsam die Zuwendung zu Schwachen, Kranken und Bettlern fordert (vgl. Punsmann, 1981, 25, 94 ff.; Boff, 1985, 124 f.). Armut und Geschwisterlichkeit gehören untrennbar zusammen:

"Armut ist eine Existenzweise, in der der Mensch die Dinge sein läßt, was sie sind. Er verzichtet darauf, sie zu beherrschen und sie untertan und zum Gegenstand seines Machtwillens zu machen. Er sieht davon ab, über ihnen zu stehen, und stellt sich auf eine Ebene mit ihnen. Das erfordert eine ungeheure Askese, in dem Sinn, daß man dem Streben nach Besitz, nach Herrschaft über die Dinge und nach Befriedigung menschlicher Wünsche entsagt. Die Armut markiert den eigentlichen Weg des Franziskus, den er physisch den Armen nachging. Je ärmer er war, desto freier und brüderlicher fühlte er sich. Der Besitz behindert nämlich die Kommunikation der Menschen untereinander und des Menschen mit der Natur ... Je radikaler die Armut ist, desto mehr bringt sie den Menschen an die Wirklichkeit heran, und desto leichter wird es ihm, mit allen Dingen in Gemeinschaft zu treten, in Ehrerbietung und Ehrfurcht vor ihrem Anderssein. Die universale Brüderlichkeit ist bei Franziskus die Frucht seines Armseins. Er fühlte sich deshalb als wirklicher Bruder, weil er zu allen Dingen ja sagen konnte, ohne Interesse an Besitz, Gewinn und Leistung" (Boff, 1983, 64 f.).

Franziskus hat diese Zusammenhänge erkannt und gelebt. Das Armutsverständnis in dem soeben beschriebenen Sinn ist gleichsam die zweite Wurzel seiner Spiritualität.

4.1.3 Geschwisterlichkeit

Der Aspekt der Geschwisterlichkeit bringt ein uraltes anthropologisches Grundphänomen in Erinnerung. Der Mensch ist weit mehr als ein autonomes Einzelwesen. Zwar tritt er in der abendländischen Kultur als isoliertes Ich in Erscheinung, doch gilt es, diese verzerrte Sichtweise unbedingt zu revidieren. "Nur indem ich mich als Mikrokosmos im organischen Zusammenhang mit dem Makrokosmos alles Bestehenden und Lebendigen wahrnehme, aus dem ich hervorgegangen bin und in dem ich mich gemeinsam mit anderen Menschen und übergreifenden natürlichen und geschichtlichen Beziehungsprozessen weiterentwickle, nur mit diesem Hintergrund sehe ich mich wahr und verstehe mich ganz - als 'Gestalt' der All-Beziehung, die ich bin" (Esser, 159, noch unveröffentlichtes Manuskript; 1.1.3).

In Wirklichkeit findet sich der Mensch vor als Teil eines Weltganzen. Er ist eingebunden in den Entwicklungsprozeß des gesamten Kosmos, was bestimmte Konsequenzen nach sich zieht. Das Selbst eines Menschen kann sich nicht aus sich allein entfalten, sondern ist auf konkrete Interaktion mit der Umwelt angewiesen. Selbstverwirklichung spielt sich in Beziehung zueinander ab, in der Begrenzung und in der Provokation durch Welt und Bezugspersonen (vgl. a.a.O., 159.). "Je mehr ich das Eigene als Teil von anderen, uns Übergreifendem, entwickle, desto mehr werde ich selbst" (Willi, 1985, 75 f.).

Willi spricht von einer ökologischen Selbstverwirklichung, d.h., es geht im wesentlichen um ein gemeinsames Wachsen alles Lebenden, um eine Ko-Evolution, bei der nicht die eigenen emotionalen Bedürfnisse im Vordergrund stehen, sondern die Ansprüche und Erwartungen des ganzen kosmischen Entwicklungsgeschehens.

Franziskus hat eine solche kosmische Ko-Evolution gelebt. Er nennt alle Menschen seine Brüder und Schwestern. Sogar Dieben und den ungläubigen Sarazenen gegenüber begegnet er mit größter Höflichkeit. Besondere Zuwendung schenkt er den Armen, primär den Aussätzigen:

> "Ihnen brachte er innige Teilnahme entgegen. Infolge herzlichen Mitleids konnte er es nicht ertragen, jemandem zu begegnen, der noch ärmer war als er. Dann gab er ihm seinen Mantel, ein Stück seiner Kutte oder sogar seine Wäsche, so daß er nackt dastand und sich bei allen lächerlich machte" (Celano, 1988[4], 217 ff.).

Diese Haltung wurzelt in dem Betroffensein durch das Evangelium, konkret: in der Liebe zu Jesus von Nazaret. Auch seine Brüder mahnt Franziskus immer neu zu gegenseitiger Fürsorge und Liebe:

> "Zwei von ihnen sollen die Mütter sein und sollen zwei Söhne oder wenigstens einen haben ... die Söhne aber sollen bisweilen das Amt der Mütter übernehmen, wie es ihnen gut scheint, dies abwechselnd für eine Zeit zu ordnen ..." (Regel für Einsiedeleien, in: Franziskan. Quellenschriften, 1980, 202).

Doch wäre es eine Verkürzung des Sachverhaltes, wollte ich die Grundhaltung der Geschwisterlichkeit auf menschliche Beziehungen beschränken. Sie umfaßt statt dessen alles Lebende, ja, der gesamte Kosmos wird in die liebende Gemeinschaft

miteinbezogen. So ist z. B. im Sonnengesang die ganze Schöpfung verschwistert: Sonne und Mond, Wind und Wasser, Feuer und Erde, Liebe und Tod - alle Polaritäten bilden eine einzige geschwisterliche Gemeinschaft vor Gott (vgl. Rotzetter, 1989, 89 f.).
Eben weil Gott Ursprung und Vater aller Dinge und Menschen ist, sind alle untereinander Brüder und Schwestern, herrscht zwischen allem eine tiefe, liebende Intimität, ja, Franziskus selbst stellt sich auf eine Ebene mit den Geschöpfen (vgl. 1.2.1). Er definiert sich nicht als Herr der Natur, sondern als Diener aller Lebewesen. Celano schreibt dazu:

"Wenn die Brüder Bäume fällten, verbot er ihnen, den Baum ganz unten abzuhauen, damit er noch Hoffnung habe, wieder zu sprossen. - Den Gärtner wies er an, die Raine um den Garten nicht umzugraben, damit zu ihrer Zeit das Grün der Kräuter und die Schönheit der Blumen den herrlichen Vater aller Dinge verkündigten ... Vom Wege las er die Würmchen auf, daß sie nicht mit den Füßen zertreten würden; den Bienen ließ er, damit sie nicht vor Hunger in der Winterkälte umkämen, Honig und besten Wein hinstellen. - Mit dem Namen 'Bruder' rief er alle Lebewesen ..." (Celano, 1988[4], 366 f.)

Zu Recht nennt Rotzetter die "Geschwisterlichkeit" ein franziskanisches Symbolwort, in dem alle Aspekte des Lebens zu einem Ganzen zusammenfließen. Hier verdichten sich alle positiven emotionalen Kräfte des Menschen. Geschwisterlichkeit versteht sich gleichsam "als hinhörende und feinfühlige Zuwendung und Verbundenheit, eine Grundorientierung, die den anderen miteinbezieht und nicht ausschließt, ein sich Zuordnen, Hinordnen, Unterordnen in der Logik der Liebe" (Rotzetter, 1989, 85).
So zeigt die Geschwisterlichkeit gleichsam einen missionarischen Charakter. Sie greift über sich selbst hinaus und verändert die Welt (vgl. ebd., 78).

4.1.4 Unterwegs-Sein

Franziskus versteht sich als "Pilger" und "Fremdling" in der Welt, als jemanden, der wohl auf das Ziel zugeht, jedoch in seinem Leben nie ankommen wird (vgl. Pohlmann, 1985, 54). Es zeigen sich Parallelen zu den Aussagen in Kapitel 1.2.2. Indem sich Franziskus als ständig unterwegs erlebt, definiert er sich als ein "Wesen der Transzendenz", als "Wesen eines unendlichen Horizontes" (vgl. Rahner, 1985, 42 ff.). Franziskus erfährt sich der Unendlichkeit des Lebens ausgesetzt und entspricht somit der These Rahners, der menschliches Unterwegs-Sein mit folgenden Worten beschreibt:

"Jedes angebbare Ziel im Erkennen und in der Tat ist immer schon wieder relativiert als Vorläufigkeit und Etappe. Jede Antwort ist immer wieder nur der Aufgang einer neuen Frage. Der Mensch erfährt sich als die unendliche Möglichkeit, weil er notwendig in Praxis und Theorie jedwedes erzielte Resultat immer wieder in Frage stellt, immer wieder in einen weiteren Horizont hineinrutscht, der sich unabsehbar vor ihm auftut ... der Mensch ist die Frage, die leer, aber wirklich und unausweichlich vor ihm aufsteht und die von ihm nie überholt, nie adäquat beantwortet werden kann" (a.a.O., 43).

Anders gesagt, menschliche Sehnsüchte und Hoffnungen können in unserer Welt nie befriedigt werden, weil sie über alles Sichtbare hinausgehen und sich ins Unendliche hinein erstrecken. Das Unendliche aber ist für Rahner eine vage Umschreibung der Person Gottes, der sich als der "Namenlose, Unabgrenzbare und Unverfügbare" nicht begrifflich eingrenzen läßt und darum von Rahner als das *"heilige Geheimnis"* bezeichnet wird (vgl. a.a.O., 70 ff.). Das heißt, die unendlichen Sehnsüchte des Menschen können nur von dem befriedigt werden, der gleichsam mit der Unendlichkeit identisch ist, also von Gott. Das heißt ferner, unsere sichtbare Welt ist nicht das Endgültige und Ewige, sondern nur "Tor zur Ewigkeit" (vgl. Pohlmann, 1985, 55).

Diese Idee zieht sich durch alle Jahrhunderte hindurch. Auf ihr basieren die Pilgerreisen der ersten Christen nach Jerusalem, die Wallfahrten der heutigen Zeit zu den unterschiedlichsten heiligen Stätten, ebenso die aktuell gewordenen Familien- oder Volkswanderungen der modernen Industriegesellschaft. Immer schon fühlte sich der Mensch hingezogen zum Gehen, Wandern, Wallfahren und Pilgern. Der Begriff des "Weges" wurde zum Symbol für Leben und Zukunft.

Franziskus hat das Anliegen christlicher Pilgerschaft aufgegriffen und in den Kontext seines Armseins gestellt. Weil er sein Dasein von Gott her interpretierte, brach er stets auf, ließ Altes zurück, um Neues, von Gott Gegebenes und Geschenktes, zu entdecken. Aus diesem Grunde forderte er für seine Bruderschaft, keine festen Wohnsitze zu haben. In seinem Testament heißt es:

"Hüten sollen sich die Brüder, daß sie Kirchen, ärmliche Wohnungen und alles, was für sie gebaut wird, keinesfalls annehmen, wenn sie nicht sind, wie es der heiligen Armut gemäß ist, die wir in der Regel versprochen haben; sie sollen dort immer herbergen wie Fremdlinge und Pilger" (Testament, in: Franziskan. Quellenschriften, 1980, 215).

Der Zusammenhang von Armut, Aufbruch und Unterwegs-Sein wird in verschlüsselter Weise aufgezeigt in der Erzählung "Der Bund des heiligen Franziskus mit der Herrin Armut". Der Autor vergleicht den Bund mit jenem zwischen Gott und dem Volk Israel, das aus Ägypten befreit und in das verheißene Land geführt wird. Auch das Volk muß aufbrechen, ausziehen, sich auf den Weg begeben (vgl. Pohlmann 1985, 55 f.).

Mit den bisher beschriebenen Aspekten Integration des Negativen, Armut, Geschwisterlichkeit und Unterwegs-Sein habe ich versucht, die Spiritualität des Franz von Assisi zu erfassen. Meine Darstellungen beanspruchen keine Vollständigkeit bezüglich der evangelischen franziskanischen Grundhaltungen. Ich habe mich auf jene beschränkt, die mir im Hinblick auf den alternden Menschen wichtig sind.

4.2   Konsequenzen für das Alter

Der letzte Teil meiner Arbeit will auf der Basis bisheriger Erkenntnisse konkrete praktische Gestaltungsvorschläge geben, wobei ich primär den alternden Menschen selbst ansprechen und erst in zweiter Linie den Sozialarbeiter oder Geragogen berücksichtigen werde. Weil in Vergangenheit und Gegenwart schwerpunktmäßig über den alten Menschen diskutiert und dieser als *Objekt* oder Sache behandelt wird, möchte meine Arbeit *für* und *mit* dem alten Menschen gestaltet werden. Das heißt, er soll als *Subjekt* angesprochen und ernst genommen werden.

Meine Differenzierung zwischen individuellem und sozialem Aspekt basiert auf den Ausführungen in Kapitel 3.1, wo ich das Gelingen der letzten Lebensphase auf die Notwendigkeit von wechselndem Disengagement und Aktivität zurückführte. Beide "Daseinstechniken" müssen einander ergänzen (vgl. 3.1.3).

4.2.1 Der individuelle Aspekt

Zunächst spreche ich Seinsweisen und Handlungsmöglichkeiten an, die, dem Disengagement vergleichbar, vom einzelnen ganz individuell im Alleinsein entwickelt werden müssen. Dazu zähle ich die Integration des Negativen, die Haltung der Armut und des Unterwegs-Seins.

4.2.1.1 Bejahen der Vergangenheit

"Der Sinn und die Aufgabe des Alters ist die Rückkehr aus allen Entfremdungen in die Eigentlichkeit der persönlichen Existenz" (Szekely, in: "Christ in der Gegenwart", 1986, 273). Mit diesem Satz von Szekely ist im Grunde schon umrissen, um was es im folgenden gehen soll. Rückkehr aus den Entfremdungen meint nichts anderes, als wie Franziskus das Negative, die eigenen Grenzen, das individuell schuldhafte Versagen zu integrieren, den persönlichen Schatten anzuerkennen und zu bejahen.

Der Schatten ist im Sinne der Tiefenpsychologie die ins Unbewußte verdrängte und abgespaltene Lebensseite, die vom Ich abgelehnt wird, aber dennoch unweigerlich zur Person hinzugehört. Wird der "dunkle Bruder" des Lebens völlig verdrängt, so daß der einzelne ihn nicht mehr wahrnehmen kann, dann treten Störsignale aus dem Unbewußten auf, die sich äußern in Depressionen, Verbitterung und Reizbarkeit (vgl. Bours/Kamphaus, 1981, 50). Eben weil der Schatten ein Stück der inneren menschlichen Wirklichkeit ausmacht, gilt es, sich wie Franziskus mit ihm auseinanderzusetzen, ihn kennenzulernen und schließlich anzunehmen. "Man wandelt nur das, was man annimmt" (Jung, in: a.a.O., 51).

Das Bejahen des Schattens im Alter kann Befreiung und Gelassenheit bewirken. "Suche im Schatten den Quell des Lebens" (Drewermann, in: a.a.O., 51); der Satz zeugt von einer positiven Kraft, die der verdrängten Lebensseite innewohnt. Im Alter gilt es, sie zu entlarven, die "Persona" oder Maske, die der einzelne im Laufe des Lebens vor der Gesellschaft aufgebaut hat, zu erkennen und zu relativieren. Ein solcher Schritt gehört wesentlich zum Reifungsprozeß des Alterns. Denn Altsein heißt: "Suchen nach dem, was ich eigentlich bin, so wie Gott mich sieht. Und: suchen nach dem Vertrauen, daß ich vor Gott so sein darf, wie ich bin, wie ich geworden bin ... suchen nach dem Vertrauen, daß ich mich loslassen darf, daß ich mich fallen lassen darf in Ihn hinein" (Bours, in: "Christ in der Gegenwart", 1986, 274).

Gleiches gilt für die Schuld, die ich als Teil des Schattens gesondert erwähnen möchte. Die Erkenntnis, daß Menschsein immer mit Schuldigwerden einhergeht, mag den Älteren belasten und kann dennoch bejaht werden, weil sie positive Elemente in sich birgt. Schuldhaftes Versagen wurzelt in der Regel im Drang nach Neuem, nach Entwicklung. Immer wieder ist der einzelne gezwungen, aus festgefügten Bahnen auszubrechen und alte Denkgewohnheiten zu verlassen. Nur der gewinnt etwas, der bereit ist, Risiken einzugehen (vgl. Kittler/Munzel, 1984, 42).

Eine solche Erkenntnis kann hilfreich sein für die Auseinandersetzung mit der Vergangenheit. Franziskus hätte sicherlich nicht das Erlebnis der Stigmatisation gehabt, hätte er nicht zuvor die Ordensleitung niedergelegt, weil er sich schuldig und unfähig fühlte. Erst danach besaß er die notwendige Zeit, um sich auf den Berg La Verna zurückzuziehen.

Letztlich leben wir Menschen immer im Zustand der Schuld. Ein Überleben ist offensichtlich nur auf Kosten anderer gewährleistet. Eine Befreiung aus der belastenden Situation ist nur möglich in dem franziskanischen Vertrauen auf die vergebende Liebe Gottes (vgl. 4.1.1). Allein *Er* kann dem Menschen voraussetzungslose Identität gewähren. "Die Ich-Identität ist im Rahmen der theologischen Anthropologie letztlich durch die - sei es implizite oder explizite - Gottesbeziehung konstituiert" (Fraas, 1983, 55). Der einzelne darf versagen und scheitern, weil Gott selbst dann seine Zusage nicht zurücknimmt. Ja, gerade in der Annahme der Schuld, "in der Annahme der Nicht-Identität kann die eigentliche Identität als geschenkte erfahren werden" (a.a.O., 56).

Dieser Satz von Fraas könnte auf Franziskus selbst zurückgehen. Er hat seine Identität oft als geschenkte erfahren, denn er nennt die Sünde das Einbruchstor Gottes und Weg zur Gottesbegegnung. Im Zustand der Schuld wird die grenzenlose Barmherzigkeit Gottes konkret greifbar (vgl. Boff, 1983, 194). Eine solche Sichtweise gewährt dem Menschen grundlegende Freiheit, eine Freiheit von sich selbst und von dem Zwang, den Rollenerwartungen anderer zu entsprechen. Hier fällt gleichsam die Identitätserfahrung mit dem Rechtfertigungsglauben zusammen (vgl. Fraas, 1983, 55; 3.3.2).

Einen möglichen Weg, um die vertrauende, befreiende Gottesbeziehung verinnerlichen und von da aus die Vergangenheit, wie immer sie sich darstellte, bejahen zu können, sehe ich im Lesen und in der Beschäftigung mit entsprechenden Texten. Von Büchern und Geschichten kann heilende Wirkung ausgehen. Darauf weisen Kittler und Munzel hin in ihrer Schrift: "Was lese ich, wenn ich traurig bin". Die beiden Autoren haben, nach Krisen- und Konfliktsituationen geordnet, ausgewählte Texte zusammengestellt, deren Wirkung von anderen mitgeteilt wurde oder aus eigenem Erleben bekannt ist. Bereits der Titel des Buches deutet an, daß nicht die rationale Erkenntnis im Vordergrund steht, sondern die emotionale Befindlichkeit des Menschen. Dichtung kann Konflikte überwinden helfen. Dafür liefern viele Autobiographien überzeugende Beispiele. "Das rechte Buch zur rechten Zeit hat viele Menschen vor dem Selbstmord bewahrt, und davon wissen wir Psychiater sehr wohl ein Lied zu singen. In diesem Sinne leistet das Buch echte Lebenshilfe - und Sterbehilfe" (Frankl, in: Kittler/Munzel, 1984, 11).

Die Schicksale der in Büchern handelnden Personen erreichen gleichsam die Tiefenschichten des Lesers. Mit dieser Erkenntnis arbeitet die Bibliotherapie2, die im Rahmen der Psychiatrie gezielte Texte einsetzt mit der Intention, in Lebenskrisen Hilfen zu geben. Im engeren Sinne unterstützt sie die Psychotherapie und die medizinische Therapie und dient der "Nutzbarmachung von Büchern und Geschichten innerhalb bestimmter Therapiepläne" (a.a.O., 12). Ebenso läßt sich die Methode auf allgemeine Lebenskrisen übertragen und versucht, in einem weiten umfassenderen Sinn allen Menschen Hilfe zu geben, die in einer Krisen- und Konfliktsituation stehen.

Insofern können Bücher und Geschichten auch dem alten Menschen Wege eröffnen, seine vergangene und gegenwärtige Situation anzunehmen und zu bejahen. Bereits die Schrift von Kittler und Munzel bietet unter der Rubrik "Alter - Abschied" gute und wichtige Anregungen zur Bewältigung der letzten Lebensphase. Darüberhinaus lassen sich Mitarbeiter in Bibliotheken und Büchereien ansprechen und für solche Anliegen gewinnen. Fachlich geschultes Personal ist am ehesten in Krankenhausbibliotheken oder in Fachkliniken anzutreffen.

Besonders geeignet halte ich die Bibliotherapie für bettlägerige

---

2 biblion = das Buch, therapeia = Dienst der Handlung, Pflege, Heilung; "Heil"-Behandlung durch Bücher (vgl. Kittler/Munzel, 184,12).

alte Menschen, weil das Lesen selbst mit abnehmenden körperlichen Kräften noch ausgeübt werden kann. Bestenfalls findet sich eine zweite Person, die zum Vorlesen der Geschichten bereit ist und einen Austausch über das Gehörte ermöglicht.

Oft bedarf es keiner großen Suche nach entsprechend geeigneten Texten. Schon die biblischen Geschichten können zur Lösung bestimmter Lebenskrisen und -fragen beitragen. Sie enthalten Symbole und Archetypen von bleibender Aktualität. Die Erzählungen über Abraham, Mose, David etc. verkörpern die ureigentliche Geschichte eines jeden Menschen (vgl. Kurz, in: Katechetische Blätter, 1986, 579). Indem sich der einzelne mit der Rolle des "Helden" identifiziert, durchlebt er dessen Krisen und wird auf diesem Wege mit den eigenen Fragen konfrontiert. Am Ende der Geschichte hat die Schlüsselfigur stets eine Lösungsmöglichkeit gefunden, die der Leser auf seine persönliche Situation übertragen kann, weil der gesamte Handlungsablauf archetypischen Charakter hatte. Welche Kette von Fragen ein einziger Text auslöst, möchte ich am Beispiel der Exodus-Erzählung veranschaulichen:

Die Exodus-Erzählung (Ex 13-14)

Das äußere Geschehen:	*Das innere Geschehen:* Marksteine auf meinem Lebensweg
Ägypten - Haus der Knechtschaft	Ich habe Angst, lebe in Abhängigkeit und Unfreiheit
Herrschaft des Pharao	Welche Menschengötter beherrschen mich?
Ägyptens Fleischtöpfe	Äußerlich geht es mir gut, ich habe viel, doch wer bin ich?
Gott beruft Moses	Ich werde erst dann frei, wenn Gott mir begegnet
"Plagen"	In unserer Unfreiheit werden wir anderen

Aufbruch zur Freiheit	und uns selber immer mehr zur Plage
Streitwagen des Pharo	Wage ich mein Leben? "Vergangenheit", die mich einholt, Schuldgefühle; die innere Polizei, die mich zurückpfeift
Rettung am Schilfmeer	Ich kann auf den herausführenden Gott vertrauen
Kämpfe und Mühsal im Neuland	Ich muß um die neugewonnene Freiheit kämpfen, ich sehne mich nach den Fleischtöpfen zurück (Kurz, in: a.a.O.).

Ein Gespräch über diesen Text bedarf keiner tiefenpsychologischen Vorkenntnisse, weil der Frageprozeß in der Regel unbewußt abläuft. Darum möchte ich den alten Menschen ermutigen, sich mit dem Bereich der Bibliotherapie zu beschäftigen und auf entsprechende Bücher zurückzugreifen.

Ein weiterer Aspekt, der unbedingt zur Thematik der Integration des Negativen gehört, ist die Bejahung und Akzeptanz des Todes. Ich halte die Auseinandersetzung mit dem Sterben für so wichtig, daß ich sie gesondert besprechen werde.

4.2.1.2   Auseinandersetzung mit "Bruder Tod"

Unter dem Titel "Reif werden zum Tode" hat die Sterbeforscherin E.Kübler-Ross ein Buch herausgegeben, in dem sie parallel zu Frankl folgende These vertritt: Die Grenzsituation des Todes ist nicht zerstörerisches Ende menschlichen Daseins, sondern integraler Bestandteil des Lebens, welcher der menschlichen Existenz Sinn verleiht (vgl. Kübler-Ross, 1984^4, 11). Der Tod ist gleichsam die letzte Stufe menschlicher Reife und die letzte Chance, in umfassender Weise wirklich Mensch zu werden. Doch wie kann diese Reifung gelingen? Welche Wege führen zu einer Bejahung des Sterbens in der Weise, daß der Tod wie bei Franziskus "Bruder" genannt werden kann?

Einen wichtigen Schritt, der sich unmittelbar von Franziskus ableiten läßt, sehe ich der Einübung in das Sterben und in der Konfrontation mit der Endlichkeit des Daseins. Einübung in Sterben und Tod heißt nichts anderes, als die existentielle Haltung des Armseins zu erlernen, und meint ein Loslassen, Verzichten und Weggeben von Eigentum und persönlichen Fähigkeiten. Jeder Verlust ist bereits ein Stück Sterben und ein Teil des Todes. Ein alter Mensch, der gelernt hat, von seinem Besitz, seiner Vergangenheit und seinem eigenen Gewordensein abzusehen, der stets Verluste riskiert und Verzichte akzeptiert hat, ist mit dem Sterben vertraut geworden. Er hat die befreiende Erfahrung gemacht, daß dem Sterben neues Leben folgt, daß einem Verlust stets neue, höhere Werte entsprechen (vgl. Ledergerber, 1987, 145 f.). Der Wandlungsprozeß von Leben und Sterben und wieder in Leben zeigt gleichsam dialektischen Charakter (vgl. Nyiri, in: Schmid/Kirchschläger, 1982, 30 ff.).

Die Dialektik arbeitet als Methode der Geisteswissenschaften mit einer bestimmten Unterredungskunst von These, Antithese und Synthese. Einer Behauptung wird eine These gegenübergestellt, wobei beide Sätze in einer dritten, der sogenannten Synthese, aufgehoben werden und einen höheren Stellenwert erhalten (vgl. Lassahn, 1978[3], 46).

Ähnliches vollzieht sich auch bei der Entwicklung des Lebens. Das Vertraute und Liebgewordene muß stets in Form einer Gegenthese verlassen werden und verlorengehen, um dann in höherer und reicherer Form existieren zu können (= dialektisches Lebensgesetz). Dem entspricht die jesuanische Verheißung: "Wer sein Leben verliert, wird es gewinnen" (Lk 17,33), womit ich indirekt einen zweiten Weg zur Sterbenseinübung angesprochen habe.

Das Denken über den Tod berührt unweigerlich die transzendente und religiöse Dimension des Menschen (vgl. Ledergerber, 1987, 148 ff.). Nun ist der Glaube nicht primär ein Bereich, der ausschließlich mit dem Tod in Zusammenhang steht. Das ganze "dialektische Lebensgesetz" von Verlust, Verzicht und Gewinn hat etwas mit dem Glauben zu tun. Dennoch ist es Tatsache, daß die christliche Religion ihren Ursprung im Tod und in der Auferstehung Jesu findet, um diese Kerngedanken ihre Aussagen zentriert und darum schwerpunktmäßig vom letzten Sinn des Lebens und des Todes handelt (vgl. a.a.O., 149). Der Glaube eröffnet Perspektiven bezüglich des jenseitigen Lebens und bietet Hilfen, die Tödlichkeit des Lebens zu bejahen (vgl. 3.3.4).

Petzold zählt die Aneignung und Bekräftigung religiöser Werte zum Bestandteil menschlicher Identität. "Die Säule der Werte trägt die Identität" (Petzold, 1985, 98) - mit dieser These fordert er die Gesellschaft auf, identifikationswürdige und das Leben tragende Werte bereitzustellen, mit denen der einzelne dem Tod gelassen begegnen kann (vgl. a.a.O., 98, 547).

Darum ist es eine Bereicherung für den alternden Menschen, sich mit religiösen Fragen und Antworten zu beschäftigen, was möglichst in einem kleinen Kreis von höchstens sechs bis acht Teilnehmern geschehen sollte, die in regelmäßigen Abständen zusammenkommen. Einen gemeinschaftlichen Austausch halte ich für unbedingt erforderlich, weil auf diese Weise Ängste ausgesprochen und vermindert werden. Ebenso können Diskussionsbeiträge anderer bereichernd und ergänzend wirken auf die eigene, oft individuell geprägte Perspektive. Neben religiösen Thematiken sollte sich ein solcher Kreis anhand entsprechender Texte konkret mit der Todesproblematik auseinandersetzen. Eine gute Literaturgrundlage bilden z. B. die Werke von E. Kübler-Ross. In ihrem

Buch "Interviews mit Sterbenden" stellt sie verschiedene Phasen dar, die sich bei direkter Konfrontation mit dem Sterben erkennen lassen:

- Nichtwahrhabenwollen / Isolierung
- Zorn / Auflehnung
- Verhandeln (um Zeit zu gewinnen, werden Gott Versprechen gegeben)
- Depression / Trauer
- Hinnahme / Zustimmung

(vgl. Kübler-Ross, 1983[11]).

Auch wenn die Schritte die Gefahr der Normsetzung und der Gesetzmäßigkeit in sich bergen (vgl. Schmitz-Scherzer, 1982, 83), so bieten sie dem einzelnen dennoch Ansatzpunkte, die inneren Gefühle und Empfindungen wenigstens ansatzweise zu verstehen und einzuordnen.

Der alte Mensch sollte den Mut haben, diese Themenbereiche, die in der Gesellschaft noch weitgehend tabuisiert werden, an Gemeindezentren und öffentliche Bildungsstätten heranzutragen. Der Teufelskreis von Verdrängung und Leugnung eines untrennbaren Bestandteiles menschlicher Existenz muß endlich durchbrochen werden, und zwar primär vom alternden Menschen selbst. Weil dieser am unmittelbarsten von der Todesproblematik betroffen ist und berufliche sowie familiäre Verpflichtungen weitestgehend abgegeben hat, sollte es seine dringlichste Aufgabe sein, Sterben und Tod in den Blickpunkt öffentlichen Interesses zu stellen. Damit leistet der Alternde einen Dienst an der Gesamtgesellschaft, weil er die Tabuisierung des Todes aufhebt und somit die verschütteten Wege zur Reifung und Menschwerdung neu eröffnet.

Das heißt ferner: Wird der Tod in diesem Sinne als letzte

Chance zur Reife definiert (vgl. Kübler-Ross, 1984[4], 11), so bedeutet die Beschäftigung mit ihm nicht Flucht oder Verneinung des Lebens, sondern Bejahung und Befähigung zu einem volleren menschlichen Dasein. Erst wer sich mit der Endlichkeit des Lebens auseinandersetzt, wird befähigt, es in rechter Weise auszukosten. Er konzentriert sich auf Dinge, die bisher nicht beachtet wurden, z. B. auf das Lächeln eines Kindes, die Wärme der Sonne, die Schönheit des Frühlings. Ja, der Tod stellt eine kreative Kraft dar, in der die höchsten spirituellen Werte des Lebens wurzeln. Große literarische und künstlerische Werke sind der Beschäftigung mit dem Tod entsprungen (vgl. a.a.O., 12, 31).

Doch will der Tod zu einer Bejahung des Lebens führen, dann ist es notwendig, sich nicht erst im Alter mit ihm zu beschäftigen. Gemeinsam mit Schmitz-Scherzer plädiere ich für eine gezielte Thanatopädagogik, die schon Kinder im Rahmen des Lehrplanes mit der Thematik vertraut machen sollte. Ferner hat in der Erwachsenen- und Altenbildung eine gezielte Wissensvermittlung einzusetzen über den Sterbeprozeß selbst, mit der Intention, eigene Ängste und Unsicherheiten aufzuarbeiten und akzeptieren zu lernen (vgl. Schmitz-Scherzer, 1982, 110 f.).

Abschließend zitiere ich Sätze eines Briefes, in dem die Zielsetzung einer Thanatopädagogik anschaulich zur Sprache gebracht wird. Ein derartig offener und befreiender Umgang mit dem Tod kann die letzte Lebensphase des Alters verwandeln in ein spannendes, erfüllteres Dasein. Es handelt sich um den Brief des Dominikaners Rochus Spiecker, den er einige Monate vor seinem Tod an seine Mutter schrieb. Ich halte die Zeilen für so ausdrucksstark, daß ich sie unkommentiert stehenlasse:

"... und über den armen Rochus nachzugrübeln, ist vollends abwegig. Dies

schreibe ich weniger, um Dich zu beruhigen ... ich schreibe es vielmehr, weil es mich schlicht verdutzt macht, wenn Du nicht verstehen solltest, daß ich noch nie so 'da' war wie jetzt; daß ich noch nie so neugierig war wie jetzt! Und das alles gerade darum, weil ich seit zwei Jahren weiß, daß ich diese friedliche, höchst erbauliche Zeitbombe in meinem Bauche trage: dieses wahre Gottesgeschenk, diese Kontrolluhr der Wahrheit, dieses akkurate Gleichgewicht, das mich in Distanz hält von den lächerlichen Sorgen der Kleinkarierten und Schmalspurigen. Kommt Dir das heroisch vor? Hoffentlich nicht. Denn heroisch kann man doch nur sein, wenn man Angst hat. Und wovor sollte ich Angst haben? Vor dem Sterben? Natürlich, das Sterben ist peinlich. Aber ... diese paar peinlichen Tage oder Stunden, in denen man womöglich sowieso ein bißchen abständig ist oder so gepiesackt, daß man ohnehin nicht viel Vernünftiges denkt: diese paar Tage oder Stunden verdienen nicht viel Beachtung. Aber was dann kommt: das ist aufregend! Ich platze vor Neid, wenn ich in der Zeitung lese, daß der und der das Zeitliche gesegnet hat! Das ist mein voller Ernst. Denn hinter die Dinge kommen, hinter sich selbst und vor Gottes Gesicht - dieser Augenblick der Wahrheit erfüllt mich mit maßloser Neugier. Und wenn man dabei auch ein bißchen über sich selbst ent-täuscht wird? Immer noch besser, als sich zu täuschen! Ich will über mich selbst Bescheid wissen ..."
(Spiecker, in: "Christ in der Gegenwart", 1986, 202)

4.2.1.3 *Gewinn einer neuen Freiheit*

Nach der franziskanischen Lebensweise resultiert Freiheit aus der Seinsweise der Armut (vgl. 4.1.2). Erst wo der Alternde seine Grenzen und seine Vergänglichkeit bewußt bejaht, wo er Ereignisse und Situationen aus der Haltung der Geschöpflichkeit zu gestalten versucht, wird er wirklich frei, kann er erahnen, was Freiheit bedeutet.

Nun bieten sich dem Alternden vordergründig unzählige Freiheiten an. Allein die Rollen- und Funktionsverluste ermöglichen dem einzelnen ein Freisein von der alltäglichen Tretmühle, vom festgelegten Zeitenschema und der pflichtschuldigst zu erbringenden Leistung. Dennoch werden diese Möglichkeiten nicht in jedem

Fall als Gewinn gewertet, auffälliger sind die Verluste, die negativen Akzente der jeweiligen Situation. Schon die gewählte Terminologie, Pensionierung oder Krankheit, als Rollen- bzw. Identitätsverlust zu definieren (vgl. 2.1 f.) zeugt von der Tatsache, daß die Freiheit nicht immer als solche erkannt wird.

Rosenmayr prägte 1983 den Begriff der *"späten Freiheit"* für das Alter. Ich werde im folgenden Elemente seiner Gedankenführung aufnehmen, um den Begriff inhaltlich zu füllen und ein Verstehen auf gemeinsamer Basis zu erleichtern.

Rosenmayr unterscheidet zwischen einer subjektiv erlebten und einer objektiven Freiheit. Es ist durchaus möglich, daß die bindende und fremdbestimmende Berufsarbeit befreiender erlebt wird als die ungebundene Tätigkeit in der Freizeit. Dieses Paradoxon führt er auf die Tatsache zurück, daß unsere Gesellschaft der Arbeit einen höheren Stellenwert, d. h. einen Sinnzusammenhang zuspricht. Insofern ist die Pensionierung identisch mit Sinn- und Freiheitsverlust und umgekehrt: Weil Sinnbezüge als Erfüllung erlebt werden, vermittelt die Berufsarbeit Freiheit (vgl. Rosenmayr, 1983, 253).

Daraus ergibt sich als erste und wichtigste Aufgabe für den alten Menschen, sein Leben mit Sinn zu erfüllen (vgl. 1.1.2). Aber nicht in jedem Fall muß die Erfahrung eines Sinnbezuges an zweckgebundene Tätigkeiten gekoppelt sein, ein derartiges Leistungsdenken verwerfe ich entschieden. Doch schon eine gewisse Regelmäßigkeit und Rhythmisierung des Tagesablaufes, eine Differenzierung zwischen Werk- und Sonntagen kann subjektiv Freiheit vermitteln, wobei diese momentanen Sinnerfahrungen wie bei Franziskus in eine übergeordnete transzendente Dimension einfließen müssen, wollen sie angesichts des Todes ihre Tragfähigkeit bewahren.

Als ein anderes wesentliches Element der "späten Freiheit" nennt Rosenmayr die Konfliktfähigkeit. Nach Überzeugung der Aufklärung ist Freiheit unlösbar mit dem Ichbewußtsein verbunden, dessen egoistische Tendenzen die moralische Freiheit gefährden können. Das Ich muß sich stets mit den Chancen und Möglichkeiten des anderen auseinandersetzen und darf keineswegs die subjektive Freiheit auf Kosten anderer durchsetzen wollen. Diese ist nur insofern gerechtfertigt, als sie die Freiheit des anderen respektiert, und muß demnach in ständigem Kampf zwischen persönlichen und fremden Bedürfnissen gewonnen werden (vgl. Rosenmayr, 1983, 254 f.). Als Konsequenz der Konfliktfähigkeit nennt Rosenmayr die Verfügung über Zukunftschancen und damit die "rückwirkende Erweiterung der Handlungsmöglichkeiten der Gegenwart". Es zeigen sich deutliche Parallelen zur These Rotzetters: "Nur in der Konfliktfähigkeit kann der Mensch seine Identität bewahren und finden" (Rotzetter, 1989, 71).

Ich möchte den Gedanken Rosenmayr's relativieren: Wenn zu jeder Freiheit eine gewisse Begrenzung gehören muß, weil sonst der Lebensraum des anderen sowie der eigene beschnitten werden könnte, dann läßt die Konfliktfähigkeit die kommende Zeit nicht in jedem Fall verfügbar werden. Im Gegenteil, eine solche Fähigkeit zeichnet sich gerade aus durch die unbestimmte und nicht bekannte Zukunft, weil der einzelne nie im voraus weiß, welchen Anteil an persönlichen Wünschen er zurücklassen muß, um die Freiheit des anderen nicht zu gefährden. So kann die Konfliktfähigkeit die gegenwärtigen Handlungsmöglichkeiten eines Menschen sowohl erweitern als auch blockieren. Beide Wege sind möglich.

Eine weitere zentrale Aussage Rosenmayr's lautet wie folgt: "Freiheit ist eine Frage der Vereinbarkeit von vielen Zielen der Erfüllung im Menschen" (Rosenmayr, 1983, 256). Damit ist inhaltlich nichts anderes gemeint, als ich bereits unter dem Stichwort "Bejahen der Vergangenheit" ausgeführt habe (vgl. 4.2.1.1). Indem der Mensch die Welt mit all ihren Erscheinungsformen bejaht und sich durch entsprechende Akte und Handlungen ganzheitlich in sie einbringt, kann er sich selbst und die Welt verwandeln, d. h. zur Freiheit führen (vgl. Scheler, in: Rosenmayr, 1983, 256).

Zur Selbstbejahung im Alter zählt die Annahme des Alternsprozesses ebenso wie das Akzeptieren der Vergangenheit. "Im Absehen vom Gewordensein liegt Freiheit" (Rosenmayr, 1983, 261). Ich greife den Abschnitt erneut auf (vgl. 4.2.1.1), weil ihn Rosenmayr zu Franziskus in Beziehung setzt. Franziskus hat sich aus seiner Geschichtlichkeit zu lösen gewußt, von dem Betrachten seiner selbst abgesehen und insofern zur Freiheit gefunden. Den Aspekt der "Einschließlichkeit" oder "All-Liebe" hat er konsequent gelebt, indem er sich der Natur und den leidenden Menschen zuwandte (vgl. Rosenmayr, 1983, 261).

Ich breche hier die Gedankenführung Rosenmayr's ab, weil einerseits deutlich geworden ist, was ich mit dem Begriff der Freiheit aussagen möchte, nämlich, daß es sich weniger um objektiv verfügbare Zeit als vielmehr um eine innere Existenzweise handelt, welche die ganze Persönlichkeit umfaßt. Ferner sehe ich meine Eingangsfrage nicht beantwortet, warum ein Mensch die objektive Freiheit nur selten erkennt und sie darum als Verlust bewertet. Dieser Problematik wende ich mich abschließend zu.

In Anlehnung an Nocke, der Sterben als aktiv geleistete Tat definiert, die nur insofern zu Selbstverwirklichung und Freiheit führt, als sie in liebender Hingabe geleistet wird (vgl. Nocke, 1978, 131; 3.3.4), leite ich die These ab: Die im Alter unvermeidlichen Rollen- und Funktionsverluste werden nur dann als negative Einschränkung empfunden, wenn der einzelne sie sich in passiver Haltung nehmen läßt. Sobald er jedoch bestimmte Aufgaben und Fähigkeiten aktiv bejahend und liebend weggibt, wird Freiheit konkret greifbar.

Ein liebendes Loslassen der Kinder, der Berufsarbeit, der Gesundheit und des Partners meint nichts anderes, als die franziskanische Seinsweise der Armut zu leben. Sie bildet wie bei Franziskus gleichsam die Basis aller folgenden Grundhaltungen, die ich noch ansprechen werde.

Allein derjenige, der seine Existenz versteht als eine von Gott geschenkte, der alle persönlichen Fähigkeiten und Besitztümer diesem Gott verdankt, kann loslassen und verzichten auf die Autonomie des eigenen Willens, auf das Immer-mehr-haben-Wollen, ja, er wird fähig, angstfrei alles Geschenkte zurückzugeben in dem unumstößlichen Vertrauen, daß Gott als Schöpfer allen Lebens das Geschaffene nicht vernichten und untergehen läßt, es vielmehr in ungeahntem Reichtum und in Fülle vollenden wird (vgl. 4.1.2; Boff, 1983, 96, 108, 211 ff.).

Armsein im Alter, d. h. die im Laufe des Lebens gewonnenen Erfahrungen aus Beruf und Familie weitergeben, d. h. die endlich erworbene Freiheit, die gewonnene Übersicht und Einsicht für das Zusammenleben der ganzen Gesellschaft dienlich machen. Jede Lebensphase, auch das Alter, hat ihr Charisma, das es zu entdecken und einzubringen gilt. So bezeichnet die jüdische Kabbala "Binah" (= Verstehen) als die wichtigste Errungenschaft alternder Menschen. Der einzelne beginnt, Ereignisse und Zusammenhänge zu durchschauen, die zuvor unverständlich oder nebensächlich erschienen. Er wertet Entscheidungen nicht mehr punktuell, sondern in weiten, größeren Zusammenhängen. "Binah" ermöglicht, daß Schmerz und Trauer, Leiden und Verlust leichter ertragen werden aufgrund der gemachten Erfahrung, daß jedem Dunkel ein heller Tag folgt.

Zur Einsicht zählt ferner das Beachten der kleinen, unscheinbaren Dinge, das genaue Hinhören und Hinsehen, die liebevolle Beschäftigung mit Pflanzen, Tieren und Menschen, das Zeithaben und das "In-den-Tag-hinein-leben-Können" (vgl. Jungk, in: Schultz, 1985, 21 ff.). In dem Maße, wie der Alternde diese Charismen weitergibt und in Familie und Gesellschaft sichtbar macht, findet er zur Freiheit.

Ein konkretes Beispiel, wie die Haltung der Armut gelebt werden kann, zeigt der *"Senioren-Experten-Service"*, in dem sich Rentner und Pensionäre zusammengeschlossen haben, um kostenlos ihre Fähigkeiten und ihr Können der dritten Welt zur Verfügung zu stellen und ihr Wissen im Rahmen der Entwicklungshilfe weitergeben wollen. Die Senioren werden als berufserfahrene Experten für bestimmte Projekte in China, Afrika und Lateinamerika eingesetzt und leisten den Ländern während ihres mehrwöchigen Aufenthaltes wertvolle Hilfe (vgl. Lehr, in: Schultz, 1985, 35 f.).

Ein solches Projekt ist sicherlich nicht für alle Senioren geeignet. Bestimmte gesundheitliche und soziale Voraussetzungen müssen gegeben sein, d. h., ich verstehe dieses Tun nicht als einzigen Weg, sondern als mögliche Alternative, die franziskanische Haltung der Armut zu leben. Wichtig allein ist die Bereitschaft, loslassen zu können, um Neues aufzunehmen. Erst im Weggeben von gewohnten Sicherheiten kann Wandlung und Reifung geschehen, können Verluste in Freiheiten umgestaltet werden (vgl. Brocker, in: a.a.O., 48 ff.).

4.2.1.4 Unterwegs-Sein auch mit 70 Jahren

Das franziskanische Weg-Motiv führt den Gedanken des letzten Kapitels weiter insofern, als es dem alten Menschen Chancen und Möglichkeiten eröffnet, die Freiheit und die Fülle des Lebens zu gewinnen. Wer seine Existenz wie Franziskus als Pilger versteht, der kann sich nicht in der Vergangenheit verlieren, er fühlt sich statt dessen immer wieder aufgerufen, einen neuen Aufbruch zu wagen, auch unter veränderten gesundheitlichen und sozialen Bedingungen. Eben weil das eigentliche, die Vollendung der persönlichen Geschichte in Gott, eschatologisch aussteht, hat auch der Alternde Ziele und Perspektiven, die ihn zum Leben ermutigen.

Wenn ein am Leistungsdenken orientierter Mensch behauptet, die Alten haben ihr Leben gelebt, ihnen bietet sich nichts Neues, höchstens den Tod gilt es noch zu erwarten, so verbirgt sich hinter den Worten eine falsche und tödliche Einstellung, die unbedingt revidiert werden muß. Wo der alte Mensch einer solchen Zukunftslosigkeit verfällt, dort endet seine Lebensgeschichte (vgl. Szekely, in: Schmid/Kirchschläger, 1982, 39). Demgegenüber zeigt Franziskus, basierend auf theologischen Aussagen, eine andere Perspektive auf, nach der das volle, wahre Leben erst nach dem Tod, in der Vereinigung mit Gott, zu finden ist (vgl. Pohlmann, 1985, 54 ff.). Dieses Ziel steht dem Alternden unmittelbar bevor und fordert ihn auf, ein Werdender und Reifender zu bleiben. Allein in der menschlichen Entwicklungsbereitschaft liegt menschliche Identität begründet. Wenn der einzelne erkennt und bejaht, daß jeder Schritt auf das Alter zu ein Schritt nach vorn ist aber auch ein Stück Abschied beinhaltet, dann hat er die Würde des Lebens erkannt (vgl. Kittler/Munzel, 1984, 144).

Eine Möglichkeit, die Haltung des Unterwegs-Seins praktisch zu realisieren, sehe ich in der Bereitschaft zum Weiterlernen, in dem festen Entschluß, neue Einsichten und Erkenntnisse zu gewinnen. Dieses Ziel wird bereits konkretisiert von einer Gruppe Seniorenstudenten, die sich an der Dortmunder Universität für ehrenamtliche nachberufliche Tätigkeiten ausbilden läßt. Angeregt durch die Altenakademie e.V., hat sich die Hochschule für Senioren geöffnet und will sowohl Probleme des Alternsprozesses lösen helfen als auch durch entsprechende Forschungen zur Verbesserung der Lebensumwelt älterer Menschen beitragen. Im Vordergrund steht nicht eine reine Wissensvermittlung. Vielmehr orientiert sich das Studium an der Lebenspraxis älterer Erwachsener. Es dient der Reflexion von vergangener und gegenwärtiger Situation und will hinführen zu einer neu geplanten Zukunft. So kann der Ruhestand umgewandelt werden in eine Zeit selbstgewählter Tätigkeiten, in der sich ungeahnte Möglichkeiten eröffnen. Das Lernen erweckt neue Energie- und Kraftfelder. Es fördert die schöpferische Kreativität. Lebenslange, verschüttete Träume werden freigelegt und verwirklicht (vgl. Veelken, in: Zeitschrift für Gerontologie, 1988, 192 ff.).

In der Zeit von 1980 bis 1985 haben insgesamt 250 Erwachsene ab 50 Jahren und älter mit dem weiterbildenden Studium für Senioren begonnen, wobei vorwiegend Inhaber mittlerer Berufspositionen und Hausfrauen vertreten sind. Die Schulbildung der Teilnehmer besteht bei 75% aus Volksschul-, Mittelschul- und Berufsfachschulabschluß, bei 25% aus Abitur und Hochschulabschluß. Als Motivation für das Studium werden folgende Aspekte genannt:

a) Wunsch zur Qualifizierung für eine neue Aufgabe im dritten Lebensalter
b) Sinnfindung im Alternsprozeß
c) Erfüllung eines lebenslangen Studienwunsches
d) Suchen nach neuen Kontakten
e) Studium als Selbsttherapie
(vgl. Veelken, in: Goddenthow, 1985, 113 ff.).

Während der zweijährigen intensiven Ausbildung müssen die Teilnehmer 24 Scheine erwerben, ein Praktikum absolvieren und schließlich eine anspruchsvolle Abschlußarbeit verfassen, wonach sie ein qualifiziertes Teilnahmezeugnis von der Universität Dortmund erhalten. Studieninhalte sind neben den Pflichtfächern Soziale Geragogik, Soziologie und Psychologie auch Geistes- und Gesellschaftswissenschaften, z. B. Theologie oder Philosophie.

Außerdem ist das Studium verbunden mit der Erstausbildung der jüngeren Studenten, die sich im Rahmen des Diplomstudienganges auf den Schwerpunkt "Soziale Geragogik" vorbereiten wollen. Das Konzept ermöglicht einen Informations- und Erfahrungsaustausch zwischen den Generationen, was von jung und alt als Bereicherung erlebt wird (vgl. a.a.O., 114).

Grundsätzlich äußern sich die Seniorenstudenten positiv über ihr Studium. Sie fühlen sich subjektiv gesünder und zeigen ein gesteigertes Selbstwertgefühl. Fast alle 116 Absolventen des Modellversuchs haben inzwischen eine ehrenamtliche Tätigkeit in der Bildungs- oder Sozialarbeit aufgenommen.

An diesem Studium zeigt sich, was Altwerden im eigentlichen Sinne bedeutet. Es geht eben nicht um ein Stagnieren in der Vergangenheit, ein ständiges Kreisen um die Vergänglichkeit des Lebens. Statt dessen sollte und darf der Alternde, eben weil er noch nicht am Ziel angekommen ist, in die Zukunft hinein planen, die letzten Jahre seines Lebens entwerfen und das Bisherige verlassen, um Neues ergreifen zu können. Er steht mitten in einer Situation des Nicht-mehr und Noch-nicht, deren Gefahren und Aufgaben ich abschließend mit den Sätzen von Schaffer zusammenfassen möchte. Ich greife dichterische Aussagen auf, weil sie treffender als wissenschaftlich-theologische Gedankengänge die franziskanische Haltung des Unterwegs-Seins wiedergeben:

Nicht mehr und noch nicht

Wir hängen dazwischen.
Altes ist leer geworden,
es klingt hohl,
bringt nichts mehr zum Schwingen in uns.

Worte,
Lieder,
Gesten,
Bewegungen,
Gedankengebäude,
sie betreffen uns nicht mehr,
und darum sind wir nicht betroffen.
Es geschieht etwas an uns,
aber nicht in uns.

Wir warten.
Wir überlegen.
Wir sind unsicher.
Wir ahnen.

Das Neue ist noch nicht da.
Vorsichtig hat es sich angedeutet.
Wir haben es in inneren Bildern gesehen.

Wir wissen, daß es kommen wird,
weil wir das Alte verloren haben.

Es hat noch keinen Namen.
Die alten Worte passen nicht.
Unsere Vorstellungen sind noch zu eng.
Wege sind noch nicht angebahnt.
Schon die Ansätze laufen gegen Blockaden.
Und der Preis des Wartens
scheint ständig zu steigen.

Müdigkeit ist unser gefährlichster Feind,
und die Mutlosigkeit begleitet uns
wie ein ständiger Schatten.
Wollen wir einander helfen durchzuhalten?
Wir wollen eine Verschwörung bilden,
die in Stärke und Sanftheit
das Neue herbeisehnt.

Hier zu stehen,
in diesem Nicht-mehr und Noch-nicht,
ist eine Form von Glauben,
und sich die Lösungen der Vergangenheit
nicht mehr zu genehmigen
ist Ausdruck des Vertrauens,
daß alles weitergeht,
daß es einen Punkt gibt,
auf den wir zuströmen,
daß es eine Kraft gibt,
die die Entwicklung steuert.

Ich will mich der Veränderung nicht entziehen.
Ich will loslassen,
um wieder Neues umarmen zu können.
Und auch das will ich wieder loslassen
in einer ständigen Entwicklung

auf meinen Ursprung zu,
auf die Vollkommenheit,
aus der ich komme
und zu der ich gehe.
(Schaffer, 1986[5], 28 f.)

4.2.2 Der soziale Aspekt

Der Prozeß des Älterwerdens bringt unweigerlich eine Umstrukturierung der zwischenmenschlichen Beziehungen mit sich. Einschneidende Rollen- und Funktionsverluste (vgl. 2.1 ff.) führen nicht selten zu Einsamkeit und Isolation. Wie lassen sich diese auf dem Hintergrund der franziskanischen Spiritualität bewältigen?

Sicherlich wird die Problematik nicht gelöst, indem sich der alte Mensch in Anlehnung an Franziskus den Armen und Kranken zuwendet bzw. sich als "Bruder" oder "Schwester" alles Lebenden versteht. Das wäre eine Verkürzung des Sachverhaltes. Zwar sehe ich im Anerkennen der Geschöpflichkeit und damit in der Haltung der Geschwisterlichkeit gegenüber Menschen, Tieren, Pflanzen und kosmischen Elementen die Basis für ein zufriedenes Altern, jedoch müssen dieser Einstellung heute andere Konsequenzen folgen, weil die gesellschaftliche und wirtschaftliche Entwicklung einerseits neue Konflikte und andererseits noch nie dagewesene Lösungsmöglichkeiten bietet.

Um welche Konsequenzen handelt es sich konkret? Wie kann der Alternde seine Beziehungsfähigkeit entfalten und sich aktiv in das Gefüge des sozialen Netzes integrieren?

4.2.2.1 Geschwisterlichkeit leben

"Wir sind in Beziehung geschaffen, unmittelbar und vertraut an 'etwas' gebunden, was wir weder als Individuen besitzen noch getrennt von anderen verwirklichen können ... Die Erfahrung der Beziehung ist fundamental und grundlegend für den Menschen, sie ist gut und machtvoll ..." (Heyward, 1986, 44). Persönlichkeit und Identitätsentwicklung, Austausch und Interaktion, die Befriedigung elementarer Bedürfnisse (Wohnen, Nahrung, Sexualität) und die Formen gesellschaftlicher Arbeit sind an soziale Beziehungen geknüpft (vgl. Barth, in: Eyferth u. a., 1984, 461).

A. Collins und D. Pancoast bezeichnen ein Leben in Beziehungen als "soziales Netz", das die Individuen untereinander verbindet und sie in die Gesellschaft integriert. Der einzelne kann gleichzeitig mehreren Beziehungsnetzen angehören, die auf gemeinsamen Interessen basieren, z. B. Politik, Bildung, Freizeit, Religion, Freundschaft (vgl. Collins, Pancoast, 1981, 19 ff.).

Weil der alte Mensch aufgrund desozialisierender Prozesse (vgl. 2.1) aus dem Gefüge des sozialen Netzes herauszufallen droht, gilt es, sich in neuer Weise aktiv zu integrieren. Das franziskanische Element der Geschwisterlichkeit kann nur im sozialen Beziehungsnetz gelebt werden. Wer sich als Bruder oder Schwester aller versteht, muß sich einsetzen für Menschen, deren Bedürfnisse nicht gestillt werden, für Personen, die am Rande der Gesellschaft stehen, die aus den unterschiedlichsten Gründen benachteiligt oder gemieden werden. Geschwisterlichkeit fordert, aus der oft selbst gewählten Isolation im Alter herauszutreten, sich Kindern, Enkeln, Nachbarn, Kranken und allen Hilfsbedürftigen zu widmen. Dabei soll der alte Mensch seine eigene Person keineswegs zurückstellen. Im Gegenteil, oft ist es der Alternde selbst, der ignoriert und verachtet wird, der ein menschenunwürdiges Dasein fristet, weil er in einer Beziehungslosigkeit lebt, d. h. zu niemandem Kontakt pflegen kann. Geschwisterlichkeit aber meint ebenso ein liebevolles Verhältnis zur eigenen Person. Nur wer mit sich selbst in Einklang und Frieden lebt, wer seine Schwächen und Grenzen integriert und die eigenen elementarsten Bedürfnisse stillt, kann auf andere zugehen und ihnen helfende Wege eröffnen.

Als Beispiel stelle ich ein Projekt vor, das zwar von professioneller Seite aus eingeführt wurde, jedoch durchaus vom alternden Menschen in eigener Initiative geplant werden könnte. Es handelt sich um die Zusammenführung von alten und jungen Personen (vgl. Collins/Pancoast, 1981, 67 ff.). Basierend auf der Beobachtung, daß Kinder und ältere Menschen gleichermaßen allein und von Familie sowie Gesellschaft isoliert leben, wurde von Sozialarbeitern ein künstliches Beziehungsnetz geschaffen, in dem beide Gruppen zusammengebracht werden sollten. Während die Kinder tagsüber allein lebten, weil beide Elternteile berufstätig waren, fühlten sich die Älteren einsam und niedergeschlagen, weil ihnen eine sinnvolle befriedigende Aufgabe fehlte.

Ziel des Projektes war es, diese negative Situation beider Gruppen zu verbessern. Die älteren Menschen sollten die Funktion eines Ansprechpartners übernehmen, d. h., es wurden Räume beschafft und Lebensmittel besorgt, so daß die Kinder nach der Schule einen kleinen Imbiß einnehmen konnten und ferner die Gelegenheit zur Interaktion zwischen beiden Generationen gegeben war. Die Senioren selbst gestalteten die Nachmittage entsprechend ihren Fähigkeiten mit Spielen und Basteln. Bereits nach einem Jahr äußerten 100% der älteren Mitarbeiter, daß das Projekt ihr Leben bereichert und ihre Interessen erweitert habe (vgl. a.a.O., 69).

In ähnlicher Weise können Babysittergruppen oder Krankenbesuchsdienste organisiert werden. Der Phantasie und dem Ideenreichtum alternder Menschen sind keine Grenzen gesetzt. Ein anderes Modell, das z. B. für gebrechliche Alte geeignet ist, deren Gesundheitszustand einen Einsatz für andere nicht mehr zuläßt, stellt die *"Telefonkette"* dar, zu der sich höchstens sieben bis acht Personen zusammenschließen dürfen. Der Kreis sollte täglich zu einer festgesetzten Zeit miteinander telefonieren, wobei der "Chef" der Kette beginnt und anschließend jedes Mitglied eine Nummer zu wählen hat. Auf diesem Weg können Kontakte geschlossen werden. Ferner ist es möglich, in relativ kurzer Zeit ärztliche Hilfe zu beschaffen.3

Ein weiterer sehr provozierender Aspekt, den ich aus der Haltung der Geschwisterlichkeit ableite, betrifft die Übersiedlung in ein *Altenwohnheim.* Leider wird dieses vom alternden Menschen mit aller Heftigkeit abgelehnt und läßt sich definieren als ein "negativ besetztes Antimodell unserer Gesellschaft" (Majce, in: Reinmann, 1983[2], 104). Als Argumente gegen das Heim werden genannt: die Reglementierung, der Massenbetrieb, die Fremdbestimmung und der Endgültigkeitscharakter als unwiderruflich letzte Station vor dem Tode. Ein Heim genießt das Image eines Asyls, in dem "finanziell schwache, zu bemitleidende Wesen ohne interpersonelle Beziehungen, von geringem Selbstwertgefühl, hilflos und gebrechlich", untergebracht sind. Die Öffentlichkeit unterstützt ein solches Image, indem sie Altenheimbewohnern Famili-

---

3 Vgl. Selbstinitiative und Selbsthilfegruppen im Rahmen einer basisgemeindlich orientierten Altenpastoral, in: Blasberg-Kuhnke, Martina, Gerontologie und Praktische Theologie. Studien zu einer Neuorientierung der Altenpastoral. Düsseldorf 1985.

enkonflikte unterstellt und sie ignoriert als sozial isolierte, einsame alte Leute (vgl. Reimann, 1983^2, 104; vgl. Lehr, 1984^5, 263 ff.).

Untersuchungen von U. Lehr beweisen jedoch das Gegenteil und zwingen zu einer Korrektur der negativen Einstellung. Ihre Ergebnisse zeigen deutlich, daß gerade die Gruppe alter Menschen, die sehr engen Kontakt zu den Kindern pflegt und mit ihrer Eltern- und Großelternrolle zufrieden ist, dem Altenheim gegenüber am positivsten eingestellt ist (vgl. Lehr, 1984^5, 263). Ferner orientiert sich das schlechte Image in der Regel am früheren Typ des Alten- und Pflegeheimes, dagegen kaum an der modernen Form des Altenwohnheimes oder Seniorenstiftes (vgl. Reimann, 1983^2, 104).

Darum fordere ich unbedingt eine Aufwertung des vorherrschenden negativen Images und eine gründliche Information über die unterschiedlichsten Heimtypen sowohl seitens der alten Menschen selbst als auch seitens der übrigen Gesellschaft.

Doch warum folgere ich aus der Geschwisterlichkeit die Übersiedlung in ein Altenwohnheim? Zwei Aspekte erscheinen mir wichtig:

a) Liebevoller Umgang mit sich selbst

Ein Altenwohnheim bietet in der Regel die Möglichkeit, Kontakte und Freundschaften zu knüpfen. Es trägt durchaus den Charakter einer Begegnungsstätte und führt somit heraus aus Einsamkeit und Isolation. Keineswegs ist ein Heim mit einer "Endstation" gleichzusetzen, vielmehr bietet es gute und wichtige Anregungen, die das Leben bereichern. Statt den Lebensradius einzuengen, tragen die bunten Erlebnisse bei zu einer Horizonterweiterung und eröffnen auf diese Weise Möglichkeiten, die dem alten Menschen ansonsten verwehrt bleiben (vgl. Lehr, 1984^5, 266 f.).

b) Liebevoller Umgang mit Kindern und Enkeln

Aufgrund eines veränderten Lebenszyklusses ist es heute durchaus möglich, daß sich zwei Generationen gleichzeitig im Rentenalter oder in der Ausbildung befinden. Ebenso wahrscheinlich ist es, daß Pensionäre noch lebende Eltern haben, woraus sich bestimmte Konsequenzen ergeben. "Die Phase des *child-caring*, der Pflege und Fürsorge für die Kinder, wird nach einer nur kurz dauernden, von Familienpflichten relativ freien Zeit von einer Phase des *parent-caring*, der Pflege und Fürsorge für die Eltern, abgelöst" (Lehr, in: Böhlau, 1985, 17).

Das führt gemäß empirischer Untersuchungen zu einer prekären Situation, so daß Großmütter die Urgroßmütter pflegen. In der Regel ist es die Frau, der drei große Aufgabenbereiche zugemutet werden, bestehend aus Familie, Beruf und Pflege der alten Eltern. Auf diese Weise wird die Frau bis aufs äußerste belastet. U. Lehr spricht von einer "funktionellen Überbelastung der Familie" (vgl. Lehr, in: a.a.O., 17; vgl. Reimann, 1983^2, 58 f.). Das heißt, der pflegebedürftige alte Mensch sollte von sich aus eine Umsiedlung in ein Heim wünschen, um Kinder und Enkel zu entlasten.

Eine Alternative zum herkömmlichen Altenwohnheim oder Seniorenstift sehe ich in der Wohngemeinschaft. Petzold definiert sie wie folgt: "Als Wohngemeinschaft kann der mittel- oder längerfristige Zusammenschluß mehrerer, in der Regel nicht verwandter Personen zu einer Form des Zusammenlebens angesehen werden, die mit einer gemeinsamen Wohnung als Basis den Charakter einer mehr oder weniger festen Lebensgemeinschaft angenommen hat" (Petzold, 1985, 203). Ihre Wurzeln sind zu finden in religiösen Laiengemeinschaften und studentischen Bewegungen. Sie gründet auf wechselseitiger Anziehung und gemeinsamen Interessen der Mitglieder und geht bisweilen einher mit dem Zusammenlegen der ökonomischen Ressourcen (vgl. a.a.O., 203). So bietet die Wohngemeinschaft eine Chance, selbst für Ehepaare, der Einsamkeit und Isolation zu entgehen. Sie sollte in Zukunft immer stärker als Alternative zum selbständigen und isolierten Wohnen einerseits und zum Wohnen in Institutionen andererseits gesehen werden.

Doch halte ich die angeführten Schritte nur für *mögliche* Wege zu einem erfüllten Altern. Im wesentlichen schließe ich mich der Beobachtung Thomae's an, daß der Alternsprozeß höchst individuell verläuft und generalisierende Aussagen bezüglich des Verlaufes zu vermeiden sind (vgl. Thomae, 1983).

Insofern verstehe ich meine Ausführungen zur Gestaltung der letzten Lebensphase nicht als "Rezepte" oder Appelle, die unbedingt zu befolgen wären, sondern als mögliche Vorschläge zu einem zufriedeneren und erfüllteren Altern.

Das bedeutet für die Umsiedlung in ein Altenwohnheim, sie sollte grundsätzlich auf der freien Entscheidung des alten Menschen basieren. Bevorzugt jemand ein Wohnenbleiben in der vertrauten Umgebung, so muß dieses Verhalten respektiert und von staatlicher Seite aus durch entsprechende Hilfsdienste ermöglicht und gefördert werden. Doch gerade der Staat ist am Rollen- und Funktionsverlust, am Abschieben und Verleugnen der alten Menschen maßgeblich beteiligt. Darum fordere ich die Senioren in Anlehnung an Franziskus auf, für ein menschenwürdigeres Altern in Gesellschaft und Politik einzutreten. Denn die franziskanische Spiritualität wird dort politisch, wo es um verwehrte Rechte und um die verlorengegangene Würde des Menschen geht. Da greift sie über sich selbst hinaus und versucht, die Welt zu verändern (vgl. Rotzetter, 1989, 78; vgl. Boff, 1983, 76 ff.).

4.2.2.2 Interessenvertretung in Gesellschaft und Politik

Mutet meine Forderung utopisch an, wenn ich postuliere, daß der alte Mensch in eigener Initiative seine Interessen öffentlich vertreten soll? Kann der einzelne sich selbst aus dem gesellschaftlichen Abseits befreien? Ich behaupte, ein solches Vorgehen ist möglich und notwendig!

Im folgenden belege ich die These am Beispiel der *"Grauen Panther"*. Dabei beziehe ich mich im wesentlichen auf die Schrift von B. Donicht-Fluck, Runzelige Radikale, Graue Panther in den USA und in der BRD, Hannover 1984.

Hinter dem Namen "Graue Panther" steht der 1975 in Wuppertal gegründete Senioren-Schutz-Bund. In Anlehnung an die amerikanische Altenbewegung "Gray Panthers" gründete die damals 58jährige Trude Unruh die "Hochburg einer politischen Emanzipation der älteren Generation". Bereits die Namen "Panther" und "Unruh" nehmen die programmatischen Inhalte des Vereins schlagwortartig vorweg (vgl. a.a.O.,19). Als politische Bürgerinitiative verstehen sich die Mitglieder als "offensive Alte" und betreiben gezielte Gesellschafts- und Altenpolitik. Sie unterscheiden sich deutlich von den herkömmlichen Seniorenclubs, welche ausschließlich Betreuungs- und Beschäftigungscharakter aufweisen.

Zwei für die Grauen Panther typische politische Aktionen möchte ich hier wiedergeben:

Im März 1981 hatte das Gericht in Saarbrücken die wegen Körperverletzung angeklagte Leiterin eines Altenheimes zu nur einem Jahr Freiheitsstrafe verurteilt. Daraufhin demonstrierte der Senioren-Schutz-Bund vor dem Landgericht mit verklebtem Mund und gefesselten Händen und Füßen.

Eine weitere Aktion galt der Umverlegung von Sozialhilfeempfängern aus einem privaten Pflegeheim auf "städtische Betten". Die Grauen Panther zogen mit einem großen Bettlaken, welches das "Bettuch der vertriebenen alten Dame" symbolisieren sollte, vor das Wuppertaler Rathaus und stoppten auf diese Weise die kritisierte Umverlegung (vgl. a.a.O., 22).

Es ist Intention der Gruppe, öffentliches Aufsehen zu erregen, um auf diese Weise die ihr verwehrten Interessen und Anliegen einzufordern. So protestierten die Mitglieder 1982 in Bonn erfolgreich gegen die geplante Kürzung des Zusatztaschengeldes für Heimbewohner. Gegenwärtig setzen sie sich ein für die Situation des Sozialrentners und fordern die Einführung einer Mindestrente von ca. DM 1.400,-- für alle Personen ab 65 Jahre, um ihnen den entwürdigenden Gang zum Sozialamt zu ersparen. Dringlichstes Anliegen zur Zeit ist es, die mangelhafte Situation einiger Alten- und Pflegeheime zu verbessern, den Bewohnern mehr Selbstbestimmung und Entscheidungsfreiheit einzuräumen. Als größten Wunschtraum erstrebt die Gruppe "ein selbstbestimmtes, menschenwürdiges Wohnen in einer familienähnlichen Gemeinschaft, sei es in Form von selbstverwalteten Häusern für Senioren, Wohngemeinschaften oder von Senioren-Generationen-Hotels ..." (a.a.O., 20).

Nach dem Prinzip "Mitglieder helfen Mitgliedern" will der Senioren-Schutz-Bund eine Selbsthilfeorganisation aufbauen in Form einer familienähnlichen Gruppierung. Sie soll den älteren Menschen ein Gefühl der Zugehörigkeit und Geborgenheit geben und versuchen, Einsamkeit und Lebensängste zu bewältigen. Voraussetzung ist ein gemeinschaftliches Arbeiten, das Einbringen individueller Fähigkeiten und Möglichkeiten, was jedoch von vielen Älteren nur schwer realisiert wird. So berichten die Grauen Panther, daß sich ihre Gruppe gleichsam zu einer Anlauf- und Beschwerdestelle entwickelt hat für ratsuchende alte Menschen. Mit einer unverkennbaren Konsumhaltung erwarten sie Hilfe und Beratung, sind aber grundsätzlich nicht bereit, sich selbst für andere einzusetzen und zu engagieren.

Eine solche Einstellung widerspricht dem Panther-Konzept "Mitglieder helfen Mitgliedern" und muß unweigerlich enttäuscht werden. Der Senioren-Schutz-Bund fordert eindringlich eine aktive Mitarbeit in den verschiedensten Aktivgruppen, die sich sowohl der gemeinsamen Freizeitgestaltung, dem Bereich sozialer Hilfsdienste als auch der politischen Arbeit auf kommunaler Ebene widmen. So gibt z. B. eine Gruppe Hilfestellung im Umgang mit Behörden, eine andere kontrolliert örtliche Alten- und Pflegeheime, wieder eine andere steht Sterbenden bei und hat sich verpflichtet, an den Beerdigungen der verstorbenen Mitglieder teilzunehmen, "damit sich niemand Sorgen zu machen braucht, wer denn wohl hinter seinem Sarg hergehen werde" (a.a.O., 21).

Ein eigenes Club- und Schulungszentrum bietet den Grauen Panthern als Mittelpunkt aller Aktivitäten ein festes Zuhause. Außerdem trifft sich die Gruppe jeden Mittwoch zum sogenannten "Deutschland-Treff" in der Mensa der Wuppertaler Universität, wo ein buntes Programm von den Mitgliedern erstellt wird, basierend auf der Einsicht, "daß man über das Vergnügen, über die Freizeitgestaltung zum politischen Kampf kommt" (Unruh, in: a.a.O., 21).

Die Arbeit des Senioren-Schutz-Bundes besteht folglich aus drei Aspekten:
- Politische Proteste und Aktionen
- Fröhlichkeit und Freizeit
- Anlauf- und Beschwerdestelle für ältere Menschen.

Es handelt sich keineswegs um eine reine Alteninitiative. Auch Jüngere werden zum Mitmachen aktiviert nach dem Motto "Heute wir, morgen ihr" (vgl. a.a.O., 20).

Doch ich kann die Aktionen des Seniorenschutzbundes nicht unkommentiert stehen lassen und uneingeschränkt bejahen. Die positiven Akzente, die die Gruppe setzt, werden begleitet von einem rücksichtslosen Durchsetzen der eigenen Interessen und einer nahezu menschenunwürdigen Radikalität, die die Freiheit anderer Menschen (z. B. Politiker) in hohem Maße gefährdet. Die Konfliktfähigkeit - verstanden als Balanceakt zwischen fremden und persönlichen Bedürfnissen (vgl. 4.2.1.3) - wird egozentrisch auf individuelle Wünsche reduziert und die subjektive Freiheit auf Kosten anderer erkämpft. Es zeichnen sich deutlich kommunistische Tendenzen ab. Der Gruppe fehlt ein waches Verantwortungsbewußtsein für das Ganze, für die Gesamtheit aller politischen und sozialen Organisationen. Zwar sehe ich in den Zielsetzungen des Seniorenschutzbundes wichtige Wegweiser für den alten Menschen, aber ich verwerfe die Mittel und Wege, *wie* die Mitglieder ihre Pläne zu erreichen versuchen. Langfristige Veränderungen können nicht gewaltsam durchgesetzt werden. Bestand haben Projekte nur dann, wenn sie im Dialog mit anderen entwickelt wurden.

Trotz der angeführten Kritik gilt es, die ursprüngliche positive Intention der Gruppe zu berücksichtigen. Zwar muten viele Zielsetzungen idealistisch und utopisch an. Aber den Versuch, eigene Träume zu realisieren, halte ich für den einzig möglichen Weg, gegenwärtige Mißstände zu beheben und ein menschenwürdigeres Altern herbeizuführen. Mit B. Donicht-Fluck frage ich: "Ist es nicht eine vordringliche Aufgabe lebendiger marginaler Bewegungen, angesichts einer immer immobiler und bürokratischer werdenden Gesellschaft alternative Lebensperspektiven anzubieten und in kleinem Umfang auch experimentell zu erproben?" (a.a.O., 17). Unmenschliche entwürdigende Bedingungen verändern zu wollen, das ist ein zutiefst franziskanisches und somit christliches Anliegen. Die Spiritualität des Franz von Assisi erhält dort politische Relevanz, wo dem Menschen Lebensrechte verwehrt werden, wo der einzelne durch gesetzliche Regelungen (z. B. Pensionierung) zur Inaktivität gezwungen, aus der Gesellschaft ausgestoßen und zu Isolation und Einsamkeit verbannt wird. Nach den Statuten des Grundgesetzes hat jeder Mensch ein Recht auf Arbeit (Art. 12), was dem alten Menschen offensichtlich verwehrt wird. Selbst die gegenwärtige Diskussion, eine flexible Altersgrenze einzuführen, zieht die Möglichkeit einer Heraufsetzung des Pensionsalters in keiner Weise in Betracht. Die hohe Arbeitslosigkeit zwingt zu einer Verkürzung der Arbeitszeit, so daß alternative Formen des Ruhestandes, wie Teilzeitarbeit oder "Teil-Pensionierung, d. h. allmählicher Eintritt in den Ruhestand, kaum berücksichtigt werden (vgl. Lehr, 1984^5, 199).

Hier darf und sollte sich der alte Mensch mit anderen zusammenschließen und gemeinsam überlegen, wie ihre Situation verbessert werden könnte. Senioren sind nicht aufgrund ihres Lebensalters weniger leistungsfähig. Dieses Vorurteil gilt es unbedingt zu revidieren.

Vielleicht bin ich inzwischen von der franziskanischen Idee abgewichen. Franziskus hat ja gerade keine politischen Aktionen geplant in dem Sinne, wie ich soeben vorgestellt habe. Er wählte den gewaltlosen Weg der Solidarisierung mit den Armen und Ausgestoßenen. Sein Experiment bestand nicht in Kämpfen und Demonstrationen, sondern in der freiwilligen, bedingungslosen Brüderlichkeit mit den ärmsten Randgruppen. Und dennoch wurde selbst Franziskus "politisch aktiv", wenn den Menschen die elementarsten Bedürfnisse wie Brot und Kleidung verwehrt waren. Das zeigen die Berichte über die Auseinandersetzung mit dem Vater, der Franziskus wegen Verschleuderung des Familiengutes anklagte (vgl. 1.2.3).

Allein auf diesen Hintergrund beziehe ich mich, wenn ich erneut an den alten Menschen appelliere und meine These wiederhole: Franziskanische Spiritualität im Alter wird unweigerlich politisch und verlangt eine Interessenvertretung in Gesellschaft und Politik (vgl. Rotzetter, 1989, 78).

4.3 Ausblick

Bisher habe ich schwerpunktmäßig die ältere Generation selbst angesprochen. Abschließend richte ich ein Wort an die Gruppe derer, die mit Älteren in Kontakt stehen und mit ihnen in irgendeiner Weise zusammenarbeiten. Es wäre utopisch zu glauben, eine Aufwertung der letzten Lebensphase könne ausschließlich seitens der alten Menschen erfolgen. Das Alter wird gegenwärtig als "soziales Schicksal" und "ökologisches Problem" definiert (vgl. Lehr, 1984^5, 300 ff.), d. h., die "kumulative Benachteiligung" älterer Menschen basiert auf unserer Gesellschaftsstruktur und ist verwurzelt in den modernen Idealen und Wertsetzungen einer Industrienation (Rosenmayr, in: Lehr, 1984[5], 306).

Darum sind wir alle als Gesellschaft, insbesondere die Sozialarbeiter, Altenpfleger und Geragogen, aufgerufen, in Zusammenarbeit mit den Senioren für ein menschenwürdigeres Altern einzutreten.

Wenn ich im dritten Kapitel ein Anerkennen ohne Leistung und ein Bewältigen der Schuld fordere, so spreche ich alle Generationen an und plädiere für ein gemeinschaftliches Miteinander. Vergebung geschieht maßgeblich durch andere; Identität und Selbstwerdung basieren auf der Wertschätzung von Freunden oder Kollegen. Dem Pensionär oder der bettlägerigen alten Frau muß durch *uns* Anerkennung zugesprochen werden. "Der Mensch wird am DU zum ICH", dieser Satz von Buber behält auch im Alter seine Gültigkeit (vgl. Buber, in: Wehr, 1984, 82).

Ferner sollte es dringlichstes Anliegen aller Berufsgruppen sein, die mit alten Menschen in Kontakt stehen, sich um ein tragendes Sinnangebot zu bemühen und eine Wertwelt zu verinnerlichen, die selbst der Fragwürdigkeit des Todes standhalten kann. Wie sonst ist ein täglicher Umgang mit fragenden und suchenden Älteren möglich? Kann der Geragoge seiner Arbeit voll gerecht werden, wenn er das elementarste Bedürfnis der Senioren verschweigt und verdrängt, wenn er Werte ignoriert, die dem alten Menschen Orientierung und Halt bieten können?

Auf dem Weg, einen übergeordneten Sinnzusammenhang zu entdecken, kann vielleicht auch uns Jüngeren die franziskanische Spiritualität Hinweise geben. Die alternativen Handlungsformen des Franz von Assisi stehen dem Leistungs- und Prestigedenken unserer Gesellschaft entgegen und eröffnen so einen Raum, in dem

Menschen gleichermaßen leben können, wo jung und alt, basierend auf dem Aspekt der Geschöpflichkeit, denselben Stellenwert erhält. Demnach birgt die franziskanische Spiritualität ein Sinnangebot für alle Generationen, das Pohlmann so zusammenfaßt:

"Nicht Feindschaft, sondern Liebe;
nicht Zerstörung, sondern Leben;
nicht Traurigkeit, sondern Freude;
nicht Üppigkeit, sondern Schlichtheit."
(Pohlmann, 1985, 41 ff.)

LITERATURVERZEICHNIS

ARBEITSGRUPPE Alternsforschung Bonn: Altern - psychologisch gesehen. Braunschweig 1971.
ARNOLD, Fritz: Der Glaube, der dich heilt.
Zur therapeutischen Dimension des christlichen Glaubens. Regensburg, München 1983.
BÄTZ, Kurt (Hrsg.) / IBER, Gerhard / MIDDEL, Klaus: Der Mensch im Alter. Freiburg i.Br. 1976.
BECKER, Karl: Kirche und Alter in Geschichte und Gegenwart. In: Zeitschrift für Gerontologie. Heft 1. 1984. S.32-38.
BECKER, Paul / EID, Volker: Begleitung von Schwerkranken und Sterbenden. Mainz 1984.
BIEMER, Günter / BIESINGER, Albert (Hrsg.): Christ werden braucht Vorbilder. Beitrag zur Neubegründung der Leitbildthematik. Mainz 1983.
BLASBERG-KUHNKE, Martina: Gerontologie und Praktische Theologie. Studien zu einer Neuorentierung der Altenpastoral. Düsseldorf 1985.
BODEN, Lieselotte: Meditation und pädagogische Praxis. München 1978.
BÖHLAU, Volkmar (Hrsg.): Senioren morgen - Probleme und Chancen. Ausschnitte aus dem Vortragsprogramm des Kongresses "Senioren". Melsungen 1985.
BOFF, Leonardo: Zärtlichkeit und Kraft. Franz von Assisi, mit den Augen der Armen gesehen. Düsseldorf 1983.
BOFF, Leonardo: Zeugen Gottes in der Welt. Ordensleben heute. Zürich, Einsiedeln, Köln 1985.
BOURS, Johannes / KAMPHAUS, Franz: Leidenschaft für Gott. Ehelosigkeit - Armut - Gehorsam. Freiburg i.Br. 1981.
BOURS, Johannes: Jetzt beginne ich zu verstehen. In: Christ in der Gegenwart. 38. Jg. Heft 35. 1986. S. 281-282.
CELANO, Thomas von: Leben und Wunder des heiligen Franziskus von Assisi. Einführung, Übersetzung, Anmerkungen v. Grau, Engelbert. In: Franziskanische Quellenschriften. Werl 1988[4]. Band 5.

CLASEN, Sophronius: Franziskus, Engel des sechsten Siegels. Sein Leben nach den Schriften des heiligen Bonaventura. In: Franziskanische Quellenschriften. Werl 1962. Band 7.
CLASEN, Sophronius / GRAU, Engelbert: Die Dreigefährtenlegende des heiligen Franziskus. In: Franziskanische Quellenschriften. Werl 1972. Band 8.
COLLINS, Alice / PANCOAST, Diane: Das soziale Netz der Nachbarschaft als Partner professioneller Hilfe. Freiburg i.Br. 1981.
CZJZEK, Roman: Geld ist wie Staub. Das Leben des Franziskus von Assisi. Wien 1982.
DE BEAUVOIR, Simone: Das Alter. Reinbek 1986.
DONICHT-FLUCK, Brigitte: Runzelige Radikale. Graue Panther in den USA und in der BRD. Hannover 1984.
DREWERMANN, Eugen: Vom Unkraut im Weizen (1). In: Christ in der Gegenwart. 39. Jg. Heft 28. 1987. S.225-226.
DREWERMANN, Eugen: Vom Unkraut im Weizen (2). In: Christ in der Gegenwart. 39. Jg. Heft 29. 1987. S.233-234.
ERIKSON, Erik: Jugend und Krise. Berlin, Wien 1981.
ESSER, Kajetan / GRAU, Engelbert: Der Bund des heiligen Franziskus mit der Herrin Armut. In: Franziskanische Quellenschriften. Werl 1966. Band 9.
ESSER, Wolfgang: Zum Leben beziehungsfähig werden. Konturen einer existentiellen Aufgabe religiöser Entwicklung und Erziehung von der Geburt bis in das Alter. (Noch unveröffentlichtes Manuskript).
EYFERTH, Hanns / OTTO, Hans-Uwe / THIERSCH, Hans (Hrsg.): Handbuch Sozialarbeit/Sozialpädagogik. Darmstadt 1984. S.461-462.
FRAAS, Hans-Jürgen: Glaube und Identität. Göttingen 1983.
FRANKL, Viktor: Psychotherapie für den Laien. Freiburg 1977.
FRANKL, Viktor: Der Mensch vor der Frage nach dem Sinn. München 1979.
FRANKL, Viktor: Das Leiden am sinnlosen Leben. Psychotherapie für heute. Freiburg 1977.
GOBRY, Ivan: Franz von Assisi in Selbstzeugnissen und Bilddokumenten. Hamburg 1982.

GODDENTHOW, Diether-Wolf: Das Märchen vom Ruhestand. Freiburg i.Br. 1985.
GROM, Bernhard / SCHMIDT, Josef: Auf der Suche nach dem Sinn des Lebens. Freiburg i.Br. 1982^6.
HARDICK, Lothar: Die Ermahnungen des hl.Franziskus von Assisi. Werl 1985^2.
HARDICK, Lothar / GRAU, Engelbert: Die Schriften des heiligen Franziskus von Assisi. In: Franziskanische Quellenschriften. Werl 1980^6. Band 1.
HEER, Josef: Leben hat Sinn. Christliche Existenz nach dem Johannesevangelium. Stuttgart 1983^4.
HEYWARD, Carter: Und sie rührte sein Kleid an. Eine feministische Theologie der Beziehung. Stuttgart 1986.
HOLL, Adolf: Der letzte Christ. Stuttgart 1979.
HUG, Elisabeth / ROTZETTER, Anton (Hrsg.): Franz von Assisi. Arm unter Armen. München 1987.
KATH.BIBELWERK: Die Heilige Schrift. Einheitsübersetzung. Stuttgart 1980. Neues Testament.
KITTLER, Udo / MUNZEL, Friedhelm: Was lese ich , wenn ich traurig bin. Lebenskrisen meistern mit Büchern. Angewandte Bibliotherapie. Freiburg i.Br. 1984.
KOCH, Raimondo: Fioretti. Die Blümlein des heiligen Franziskus von Assisi. München 1988^2.
KOCH-STRAUBE, Ursula: Gemeindearbeit mit alten Menschen. Berlin, Gelnhausen 1979.
KRUSE, Andreas / LEHR, Ursula / ROTT,Christoph (Hrsg.): Gerontologie - eine interdisziplinäre Wissenschaft. Beiträge zur ersten gerontologischen Woche. München 1987.
KÜBLER-ROSS, Elisabeth: Interviews mit Sterbenden. Stuttgart 1983^{11}.
KÜBLER-ROSS, Elisabeth (Hrsg.): Reif werden zum Tode. Stuttgart 1984^4.
KURZ, Helmut: Die Exodus-Erzählung. In: Katechetische Blätter. 111. Jg. Heft 8. 1986. S. 580.
LADE, Eckhard (Hrsg.): Handbuch Gerontagogik. Das Loseblattwerk der Alten- und Seniorenarbeit. Obrigheim 1986.

LASSAHN, Rudolf: Einführung in die Pädagogik.
Heidelberg 1978^3.
LEDERGERBER, Karl: Worauf es im Alter ankommt. Sinn und Gewinn der dritten Lebensphase. Freiburg i.Br. 1987.
LEHR, Ursula (Hrsg.): Altern - Tatsachen und Perspektiven. Ergebnisse interdisziplinärer gerontologischer Forschung. Bonn 1983.
LEHR, Ursula: Psychologie des Alterns. Heidelberg 1984^5.
MANSELLI, Raoul: Franziskus. Der solidarische Bruder. Zürich, Einsiedeln, Köln 1984.
MOSER, Georg: Wie finde ich zum Sinn des Lebens? Freiburg i.Br. 1987^8.
NIES, Henk / MUNNICHS, Joep: Sinngebung und Alter. Berlin 1987^2.
NOCKE, Franz-Josef: Liebe, Tod und Auferstehung. Über die Mitte des Glaubens. München 1978.
OERTER, Rolf / MONTADA, Leo: Entwicklungspsychologie. München, Wien 1982.
OSWALD, Wolf / HERRMANN, Werner / LEHR, Ursula u.a.: Handbuch der Gerontologie. Stuttgart 1984.
PETZOLD, Hilarion (Hrsg.): Mit alten Menschen arbeiten. Bildungsarbeit, Psychotherapie, Soziotherapie. München 1985.
PINCUS, Lily: Das hohe Alter. In: Stufen des Lebens. Eine Bibliothek zu den Fragen unseres Daseins. Stuttgart 1983^2. Band 9.
PUNSMANN, Hermann: Orden - Fremdkörper in unserer Gesellschaft? Plausible Legitimation von Orden. Zürich, Einsiedeln, Köln 1981.
POHLMANN, Constantin: Der neue Mensch Franziskus. Mainz 1985.
POHLMANN, Constantin: Franziskus - ein Weg. Die franziskanische Alternative. Mainz 1980.
RAHNER, Karl: Grundkurs des Glaubens. Einführung in den Begriff des Christentums. Freiburg i.Br. 1985^3.
REIMANN, Helga / REIMANN, Horst (Hrsg.): Das Alter. Einführung in die Gerontologie. Stuttgart 1983^2.

RENNKAMP, Mechthild: Weiterbildung im Alter? Gerontagogische Aspekte. Paderborn 1976.
ROSENMAYR, Leopold: Die späte Freiheit. Das Alter - ein Stück bewußt gelebten Lebens. Berlin 1983.
ROSENMAYR, Leopold (Hrsg.): Die menschlichen Lebensalter. Kontinuität und Krisen. München 1978.
ROTH, Heinrich: Pädagogische Anthropologie. Band 1. Hannover 1971^3.
ROTZETTER, Anton: Franz von Assisi. Erinnerung und Leidenschaft. Freiburg i.Br. 1989.
ROTZETTER, Anton / VAN DIJK, Willibrord-Christian / THADDEE, Matura: Franz von Assisi. Ein Anfang und was davon bleibt. Zürich, Einsiedeln, Köln 1981.
ROTZETTER, Anton (Hrsg.): Seminar Spiritualität. Geist wird Leib. Theologische und anthropologische Voraussetzungen des geistlichen Lebens. Zürich, Einsiedeln, Köln 1979.
SARTORY, Thomas und Gertrude (Hrsg.): Texte zum Nachdenken. Franz von Assisi. Geliebte Armut. Freiburg i.Br. 1977.
SCHAFFER, Ulrich: Neues umarmen - Für die Mutigen, die ihren Weg suchen. Stuttgart 1986^5.
SCHELLENBAUM, Peter: Die Wunde der Ungeliebten. München 1988^3.
SCHENDA, Rudolf: Das Elend der alten Leute. Düsseldorf 1972.
SCHMID, Margarete / KIRCHSCHLÄGER, Walter: Nochmals Glauben Lernen. Sinn und Chancen des Alters. Innsbruck, Wien 1982.
SCHMITZ-SCHERZER, Reinhard / BECKER, Karl Friedrich: Einsam Sterben - Warum? Hannover 1982.
SCHULTZ, Hans-Jürgen (Hrsg.): Die neuen Alten. Erfahrungen aus dem Unruhestand. Stuttgart 1985.
SPIEKER, Rochus: In: HEGEMANN, Renate: Maßlose Neugier. In: Christ in der Gegenwart. 38. Jg. Heft 25. 1986. S.202.
SPORKEN, Paul (Hrsg.): Was alte Menschen brauchen. Freiburg i.Br. 1986.
STATISTISCHES BUNDESAMT WIESBADEN (Hrsg.): Statistisches Jahrbuch 1988 für die BRD. Stuttgart, Mainz 1988.

SZEKELY, Anton: In: BOURS, Johannes: Begegnung mit meinem Schatten. In: Christ in der Gegenwart. 38. Jg. Heft 34. 1986. S.273.

TARTLER, Rudolf: Das Alter in der modernen Gesellschaft. Stuttgart 1961.

TAUSCH, Anne-Marie / TAUSCH, Reinhard: Sanftes Sterben. Reinbek 1985.

TEWS, Hans-Peter: Soziologie des Alterns. Heidelberg 1979^3.

THOMAE, Hans: Das Individuum und seine Welt. Eine Persönlichkeitstheorie. Göttingen 1968.

THOMAE, Hans / LEHR, Ursula (Hrsg.): Altern. Probleme und Tatsachen. Frankfurt a.M. 1968.

THOMAE, Hans: Alternsstile und Alternsschicksale. Ein Beitrag zur differentiellen Gerontologie. Bern, Stuttgart, Wien 1983.

THOMAE, Hans: Die Bedeutung einer Kognitiven Persönlichkeitstheorie für die Theorie des Alterns. In: Zeitschrift für Gerontologie. Heft 1. 1971. S.8-18.

TISMER, Karl-Georg: Untersuchungen zur Lebensthematik älterer Menschen. Bonn 1969.

VEELKEN, Ludger: Soziale Geragogik. Soziologische und sozialpädagogische Hilfen zur Altersvorbereitung und zur Daseinsbewältigung im Alter. Frankfurt a.M.1981.

VEELKEN, Ludger: Seniorenstudium - ein Modell nachberuflicher wissenschaftlicher Weiterbildung für ältere Erwachsene. In: Zeitschrift für Gerontologie. Heft 4. 1988. S. 191-198.

WEHR, Gerhard: Martin Buber. Reinbek 1984.

WEINBACH, Irmgard: Alter und Altern. Zur Begründung eines gerontologischen Ansatzes. Frankfurt a.M. 1983.

WILLI, Jürg: Koevolution. Die Kunst gemeinsamen Wachsens. Reinbek 1985.

WITTKOWSKI, Joachim: Tod und Sterben. Ergebnisse der Thanatopsychologie. Heidelberg 1978.

WOLL-SCHUMACHER, Irene: Desozialisation im Alter. Stuttgart 1980.

Religionspädagogische Perspektiven

Herausgegeben von Prof. Dr. Roland Kollmann

Band 3	*Bärbel Fleer* Taizé - Eine Herausforderung Der Anspruch christlicher Orden in Theorie und Praxis Essen 1988, 187 Seiten, DM 34,00	ISBN 3-924368-93-7
Band 4	*Rainer Oberthür* Angst vor Gott? Über die Vorstellung eines strafenden Gottes in der religiösen Entwicklung und Erziehung Essen 1986, 141 Seiten, DM 24,00	ISBN 3-89206-116-5
Band 5	*Elisabeth Hennecke* Ein Kind lernt mit dem Tod zu leben Religionspädagogische Überlegungen zum Elternverlust Essen 1987, 160 Seiten, DM 27,00	ISBN 3-89206-180-7
Band 6	*Rainer Oberthür* Sehen lernen Unterricht mit Bildern Relindis Agethens aus dem Grundschulwerk von Hubertus Halbfas Essen 1988, 115 Seiten m. Abb., DM 24,00	ISBN 3-89206-216-1
Band 7	*Ruth Oberthür* Malen im Religionsunterricht Essen 1988, 139 Seiten m. Abb., DM 28,00	ISBN 3-89206-217-X
Band 8	*Roland Kollmann* Religionsunterricht unter erschwerenden Bedingungen Essen 1988, 230 Seiten, DM 34,00	ISBN 3-89206-243-9
Band 9	*Renate Sprißler* Leben in der Urgemeinde - Gemeindeleben heute Eine Unterrichtsreihe Essen 1990, ca. 90 Seiten, ca. DM 18,00	ISBN 3-89206-322-2
Band 10	*Christoph Bodarwé* Reden vom Tod ist Reden vom Leben Neuere Kinder- und Jugendliteratur zum Thema „Tod" als Impuls für die religionspädagogische Praxis in Sonderschulen Essen 1990, 187 Seiten, DM 34,00	ISBN 3-89206-325-7
Band 11	*Hans-Michael Mingenbach* Gott führt in die Freiheit Ein symboldidaktischer Unterrichtsversuch Essen 1990, 103 Seiten, DM 28,00	ISBN 3-89206-338-9
Band 12	*Mechtild Winzenick* Altern - aber wie? Gerontologische Aspekte zur Daseinsbewältigung Essen 1990, 176 Seiten, DM 36,00	ISBN 3-89206-345-1

Bitte fordern Sie das vollständige Reihenverzeichnis oder unseren aktuellen Gesamtkatalog an.

10 Jahre (1979-1989)
Religionspädagogik heute (Rph)

Band 1 · Ingo Baldermann/Karl Ernst Nipkow/Hans Stock, **Bibel und Elementarisierung.** 1979, 108 S., br.
ISBN 3-89086-001-X   DM 20.-

Band 2 · Peter Biehl/Georg Baudler, **Erfahrung – Symbol – Glaube.** Grundfragen des Religionsunterrichts, 1980, br., 2. *Auflage in Vorbereitung*
ISBN 3-89086-002-8

Band 4 · **Fragen an die Religionspädagogik der Gegenwart,** mit Beiträgen von Helmut Angermeyer, Hugo-Gotthard Bloth, Gerhard Bohne, Kurt Frör, Friedrich Hahn, Oskar Hammelsbeck, Karl Hauschildt, Helmut Kittel, Hans Stock, hrsg. v. B. Albers, 1980, 67, S., br.
ISBN 3-88129-312-4   DM 10,-

Band 5 · **Jahrbuch für Religionspädagogik und Gemeindepädagogik I,** 1980, 89 S., br.
ISBN 3-89086-005-2   DM 24.-

Band 6 · **Religionspädagogik in Selbstdarstellungen I.** Die Verfasser dieses ersten Teils der Selbstdarstellungen sind die Professoren Angermeyer, Dignath, Hahn, Kittel, Rang, 1980, 139 S., br.
ISBN 3-89086-006-0   DM 28.-

Band 7 · **Religionspädagogik in Selbstdarstellungen II.** Die Verfasser dieses zweiten und letzten Teils der Selbstdarstellungen sind die Professoren Bloth, Corbach, Hammelsbeck, Lennert, Ramsauer, Stock, Surkau, 1981, 149 S., br.
ISBN 3-89086-007-9   DM 28.-

Band 8 · **Seminar: Problem- oder bibelorientierter Religionsunterricht?** Dokumentation und Auswahlbibliographie, zusammengestellt von B. Albers, 201 S., 1985, br., 2. Auflage
ISBN 3-89086-008-7   DM 32.-

Band 9 · **Religionsunterricht als religionspädagogische Herausforderung,** Festschrift für Helmut Angermeyer zum 70. Geburtstag am 7. Februar 1982, hrsg. von R. Lachmann mit Beiträgen von I. Baldermann, P. Biehl, F. Böbel, U. Früchtel, F. Hahn, G. Klages, R. Lachmann, K.E. Nipkow, Ch. Reents, G.R. Schmidt, H. Schultze, K. Wegenast, D. Zilleßen, 1982, 168 S., br.
ISBN 3-89086-009-5   DM 48.-

Band 10 · Gerd Bockwoldt, **Richard Kabisch Religionspädagogik zwischen Revolution und Restauration,** 2. unveränderte Auflage, 1982, 152 S., geb.
ISBN 3-89086-010-9   DM 48.-

Band 11 · Michael Weinrich: **Christliche Religion in einer „mündig gewordenen Welt".** Theologische Überlegungen zu einer Anfrage Dietrich Bonhoeffers in weiterführender Absicht, 1982, 27 S., br.
ISBN 3-89086-011-0   DM 15.-

Band 12 · Peter Biehl: **Natürliche Theologie als religionspädagogisches Problem.** Thesen zu einem erfahrungsbezogenen Reden von Gott im Religionsunterricht. 1983, 25 S., br.
ISBN 3-89086-012-8   DM 15.-

Band 13 · Martin Bröking-Bortfeldt: **Schüler und Bibel.** Die Bedeutung der Bibel für 13- bis 16-jährige Schüler. Eine empirische Untersuchung religiöser Orientierungen. 422 S., geb., 2. Auflage, 1989
ISBN 3-89086-013-3   DM 88.-

Band 14 · Rudolf Heidemann: **Religionspädagogik, Pädagogik und Entscheidung.** Eine historisch-systematische Untersuchung zur Kategorie „Entscheidung" im Werk G. Bohnes, 1988, 213 S., br.
ISBN 3-89086-014-1   DM 58.-

Band 15 · Werner H. Ritter: **Legitimation per Religion?** Zur Begründung des Religionsunterrichts an öffentlichen Schulen. Ein kritischer Rückblick auf ein Dezenium religionspädagogischer Diskussion (1968–1978), 1984, 15 S., br.
ISBN 3-89086-015-X   DM 15.-

Band 16 · Helmut Hollenstein: **Der schülerorientierte Bibelunterricht am Beispiel der Theodizeefrage,** 1984, 707 S., geb.
ISBN 3-89086-016-8   DM 98.-

Band 17 · Helmuth Kittel: **50 Jahre Religionspädagogik. Erlebnisse und Erfahrungen.** Vortrag anläßlich der Verleihung der Ehrendoktorwürde durch die Philosophische Fakultät I der Universität Augsburg am 22. Juni 1983 mit einer Auswahlbibliographie, 2. Auflage 1986, 31 S., br.
ISBN 3-89086-017-6   DM 18.-

Band 18 · Oskar Hammelsbeck: **Die Zwölfapostellehre als Hoheslied der Evangelischen Unterweisung,** aus dem Nachlaß herausgegeben von Hermann Horn, 1986, 61 S., br.
ISBN 3-89086-018-4   DM 28.-

Band 19 · Bernhard Albers: **Lehrerbild und Lehrerbildung.** Eine historisch-systematische Untersuchung zum Werk Oskar Hammelsbecks, 1988, 135 S., br.
ISBN 3-89086-019-2   DM 38,-

Band 20 · Wolfram Janzen: **Existentiale Theologie und Religionspädagogik. Das Beispiel Martin Stallmanns,** 1990, 279 S., br.
ISBN 3-89086-020-6   DM 68,-

Die Reihe wird fortgesetzt!
Autoren wenden sich bitte an den Verlag!

Abonnenten der Reihe erhalten 15 % Rabatt
Bezug über den Buchhandel oder direkt bei:

Rimbaud Verlag · Postfach 86 · D-5100 Aachen